Benjoly M'BENGANI

Colonne Vertebrale de la Saine Doctrine

Benjoly M'BENGANI

Colonne Vertebrale de la Saine Doctrine

Les 33 enseignements cardinaux de la doctrine christocentrique

Éditions Croix du Salut

Imprint

Cover image: www.ingimage.com

Publisher:
Éditions Croix du Salut
is a trademark of
Dodo Books Indian Ocean Ltd. and OmniScriptum S.R.L publishing group

120 High Road, East Finchley, London, N2 9ED, United Kingdom
Str. Armeneasca 28/1, office 1, Chisinau MD-2012, Republic of Moldova, Europe
Printed at: see last page
ISBN: 978-620-3-84627-0

COLONNE VERTEBRALE
DE LA
SAINE DOCTRINE

LES 33 ENSEIGNEMENTS CARDINAUX
DE LA **DOCTRINE CHRISTOCENTRIQUE**

Benjoly M'BENGANI

EPIGRAPHE

« Dieu est un sphère infini dont le centre est partout et la circonférence nulle part »

BLAISE PASCAL

AVANT-PROPOS

Que le lecteur du présent ouvrage soit informé que ceci est un grand trésor d'édification et d'enracinement dans la saine doctrine, il y trouvera les 33 enseignements de base de la doctrine chrétienne , absolument fondés sur la sainte bible et savamment centré sur Christ –Jésus, d'où son intitulé « ***COLONNE VERTEBRALE DE LA SAINE DOCTRINE*** ». Ce titre choisi n'a rien avoir avec la science *anatomique*, mais constitue un parallélisme entre le squelette humain ayant forme grâce à la colonne vertébrale composée de 33 vertèbres , d'avec la stature spirituelle du croyant, laquelle doit avoir sa raison d'être dans la connaissance exacte de la vérité de Dieu, sur Dieu , l'Homme, le Salut, la vie chrétienne, l'Eglise ainsi que le plan divin pour le futur.

Cette foi chrétienne est solidement basée sur l'infaillible parole de Dieu, les recherches et études approfondies des différentes doctrines enseignées par les Eglises Evangéliques Baptistes, pentecôtistes, luthériennes, et Wesleyennes avec la parfaite aide du Saint-Esprit, après quelques moments de prières intenses pour raison d'orientation divine, nous les avons structurées et formulées en articles doctrinaux ; les quels constituent les chapitres de ce livre. Les 33 chapitres que nous appelons 33 articles doctrinaux du christocentrisme traités dans ce livre sont regroupés en quatre parties dont la première comprend sept chapitres abordant les questions relatives à la divinité, la deuxième partie compte treize chapitres traitant les doctrines relatives à l'Homme, à son humanité, à son salut, à sa vie après le salut, la troisième partie consacre ses cinq chapitres sur l'Eglise du Christ, La quatrième et dernière partie avec ses huit chapitres expose les vérités en rapport avec le plan de Dieu pour le futur.
signalons aussi que dans le chapitre consacré aux dons, ministères et opérations, vous y trouverez deux concepts qui vous paraitront inhabituels, à savoir **: «** ***La Prophéutique*** **»** pour désigner le ministère prophétique ou le ministère du prophète et « ***L'évangéulique*** » pour désigner le ministère évangélique ou le ministère de l'évangéliste, nous pensons avec beaucoup de modestie que nous ne commettrons pas un crime de lèse-majesté contre l'académie française, en enrichissant le vocabulaire théologique par ces deux mots nouveaux ;

En outre, vous y trouverez d'autres concepts qui sont peu familiers dans le jargon courant, à l'occurrence : le discipolat, le missionariat, l'ancienat, l'assistanat, la lieutenance.

INTRODUCTION GENERALE

Nous appelons l'enseignement exposé dans cet ouvrage le *Christocentrisme ou la doctrine Christocentrique.*

Il s'agit d'un merveilleux message fondé sur la bible et centré sur Christ assorti de 33 articles de Foi.

Cette confession de foi est adoptée par le Groupe CRAAAC Ministries (Ministère d'évangélisation, d'édification, d'intercession) dont nous avons la grâce d'assumer la direction. La dite confession de foi ou ligne doctrinale soutient absolument la prédication de l'évangile du seigneur Jésus-Christ de Nazareth dans sa plénitude, sa pureté et son authenticité, faisant ainsi allusion au principe selon lequel la saine doctrine consiste à tout enseignement fondé sur la Bible et centré sur Christ, c'est donc *le Christocentrisme ou la doctrine Christocentrique ou encore le christianisme Biblique.*

Cfr **Romains 10 :17** ; **Jean 5 :39** ; **I corinthiens 3 :11** ; **Ephésiens 2 :22**.

Ière Partie : DIEU ET SA DIVINITE

L'être suprême que nous appelons Dieu est un super mystère, un hyper phénomène, un insondable dont même le plus grand savant des savants ne peut pas parfaitement comprendre ; mais grâce à la vérité qui nous est révélée dans sa saine parole et avec l'infaillible aide du Saint-Esprit nous ne pouvons que constater ce que Dieu nous enseigne sur lui-même et le croire comme tel.

DIEU EST LA PAROLE, LA PAROLE EST DIEU

Le premier chapitre de cet ouvrage est intitulé *L'Inspiration divine des saintes écritures*. Par cette formulation doctrinale, nous établissons la vérité selon laquelle toute écriture est inspirée de Dieu et utile. Par ce concept écriture tel qu'évoqué dans **2Timothé 3 :16**, il faut faire allusion à la sainte Bible avec ses 66 versets canonique de Genèses à Apocalypse.

La bible est véritablement inspirée de Dieu du premier mot, de la première phrase, du premier paragraphe, du premier verset, du premier chapitre, du premier livre(Genèse) au dernier mot du dernier paragraphe, du dernier verset du dernier chapitre du dernier livre (Apocalypse). Toutes ces portions de l'écriture constituent l'inspiration authentique de Dieu et reflète Dieu lui-même, sa parole, sa personne, sa volonté et ses desseins.

LE DIEU DE LA BIBLE, LE SEUL VRAI DIEU

Le Dieu que nous révèle la Sainte Bible est le Dieu très haut, tout-puissant, et créateur, se révélant sous différents noms, titres et attributs tels que :

- JE SUIS Exode 3 :14 ;
- Eternel Esaïe 42 :8 ;
- JEHOVAH Genèse 22 :14 ;
- EL SHADDAI Genèse 17 : 1(Cfr Bible YOHOSHUA HAMASHIYA) ;
- ELOHIM Genèse 1:1 (Cfr Bible YOHOSHA HAMASHIYA).

Il se caractérise par les sept attributs non communicables (omnipotence, omniscience, omniprésence, Eternité, Immuable, Infaillible et infini).

DIEU INCARNE

Le Dieu est la parole divine faite chaire et se fait Homme en la personne de Jésus-Christ, celui-ci a vécu sur terre comme un Homme normal et ordinaire mais, il n'avait jamais était un simple homme, par contre il était un homme spécial, un homme extraordinaire, un homme Surhumain, un super homme, un hyper homme, un homme parfait.

Le Seigneur Jésus-Christ de Nazareth est parfaitement homme et parfaitement Dieu manifesté en chair **2 Timothée 3 :16** celui le Dieu véritable et la vie éternelle **1 Jeans 5 :20**. Il est homme et Fils de l'homme, il est le fils de Dieu et Dieu le fils. Etant qu'un homme, il est né de la vierge marie à Bethléem Cfr **Matthieu 1** et **Luc 2** étant que fils de Dieu, il fut engendré du Père depuis l'éternité Cfr **Michée 5 :12** ; **Jeans 1** et **3**. Sa divinité est évidement prouvée dans les différentes portions de l'écriture où il est désigné comme fils de Dieu, son humanité est établie par les évidences de l'incarnation révélées dans les passages bibliques qui le désignent comme fils de l'homme.

DIEU QUI SE REVELE

L'incarnation de Dieu en la personne de Jésus est une évidence bibliquement incontestable et irréfutable, cependant une autre vérité étroitement liée à la doctrine de l'incarnation passe souvent inaperçue, même les prédicateurs studieux parlent moins de la ***THEOPHANIE***, la quelle consiste à ce que Dieu (Jésus) a eu à se manifester sous diverses formes (humaine, angélique et autres) avant et après l'incarnation.

DIEU EST ESPRIT

Dieu est esprit **Jeans 4 :24**, Dieu est saint **Jeans 17 :17** ; **1Pierre 1 :15-16** ; ceci déduit que Dieu ne peut être qu'un esprit saint, or l'Esprit Saint ne peut jamais être diffèrent du Saint Esprit, certains pensent à tort que le Saint-Esprit est une puissance ou une force impersonnelle émanant de Dieu, sans attributs personnifiant, cette assertion est totalement fausse ; Dieu le Saint Esprit est une personne réelle, consubstantiel et égal au Père et Fils desquels il procède.

UN DIEU EN TROIS PERSONNES

La Bible est très suffisamment claire et formelle pour authentifier qu'il n'y a qu'un seul vrai Dieu cfr **Deutéronome 6 :4** ; **Esaïe 44 :6** ; **Marc 12 :29** ; aussi c'est la même Bible qui affirme haut et fort qu'il y'en a trois qui rendent témoignage dans le ciel ; le Père, la Parole et le Saint-Esprit cfr **1Jean 5 :7**(Bible Thompson). Alors comment expliquer et comprendre une telle mystérieuse réalité ? Point besoin de spéculer, l'étude minutieuse des écritures avec un minimum d'éclairage du Saint -Esprit nous fait attester que Dieu est un par sa nature (omnipotence, omniscience, omniprésence, éternité, immuabilité, infaillibilité, infinité). Cependant, il y'a trois personnes qui possèdent cette nature divine. Dieu le Père, Dieu Fils ; Dieu le Saint-Esprit et les trois sont un et un seul et même Dieu, lequel est un par sa nature et trois en personnes.

LE DIEU CREATEUR

Dieu est celui qui a créé toutes les choses dans les cieux, sur la terre, sous la terre, les choses visibles et invisibles, toutes constituent l'œuvre de son génie cfr **Genèse 1** et **2**.

CHAPITRE 1 :
L'INSPIRATION DIVINE DES SAINTES ECRITURES

LA PAROLE DE DIEU ET SES PAROLES

Dieu s'exprime de manière formelle et permanente par la Bible qui est sa parole écrite.

Subdivisée en deux grandes parties (l'ancien et les nouveaux testaments) la Sainte Bible comprend 66 livres canoniques dont le livre le plus long est PSAUMES avec ses 150 chapitres, 1189 chapitres dont 929 dans l'ancien testament regroupés en 39 livres et 31153 versets dont 23.206 dans l'ancien testament et 9.947 dans le nouveau testament. Le chapitre le plus long dans la Bible est le PSAUMES 119 ayant 167 versets et le plus court est le PSAUMES 117 ayant deux versets. Le verset le plus long est **Esther 8 :9** en termes de paragraphe et le plus court est **JEAN 11 :35** n'ayant que deux mots, il faut aussi noter que dans la Bible, il y a des livres à chapitres uniques.

Certes la Bible est la parole de Dieu dans son entièreté, mais la Bible ne comprend pas seulement *Les paroles de Dieu* dans son contenu, car dans la Bible on trouve :

- Les paroles de Dieu **Genèse 1 :26-27** ; **2 :18** ; **3 :14-19** et **22**
- Les paroles des hommes et des femmes **Genèse 2 :23** ; **4 :1** ; **Job 2 :9**
- Les paroles des Anges **Matthieu 1 :20** ; **Luc 1 :11-37** ; **Nombres 22 :32**
- Les paroles des animaux **Nombres 22 :28-30** ;
- Les paroles des démons **Marc 1 :23-26** ;
- Les paroles de Satan **Genèse 3 :1-6** ; **Job 1 :6-12** ; **2 :1-7** ;

Toutes les assertions ci-haut évoquées ne réfutent en rien l'authenticité de l'inspiration divine de la Bible, ni sa véracité étant que parole de Dieu.

LES EVIDENCES DE L'INSPIRATION DIVINE

La véracité de la divine inspiration de la Bible est authentiquement mise en évidence par les faits ci-dessous.

1. Dieu lui-même est le rédacteur de la première portion des écritures

« Lorsque l'Eternel eut achevé de parler à Moise sur la montagne de Sinaï, il lui donna les deux tables du témoignage tables des pierres écrites du doigt de Dieu cfr ***Exode 31 :18****. Les tables étaient l'ouvrage de Dieu et les écritures étaient l'écriture de Dieu gravée sur les tables cfr* ***Exode 32 :18****.* »

2. **L'unité parfaite et la cohérence parfaite de sa pensée maitresse**.

En lisant la Bible d'un bout en autre, tout lecteur honnête et sérieux conclura qu'elle est en face d'un chef-d'œuvre d'un même auteur.

3. **La Bible affirme elle-même son inspiration par Dieu en ces termes** :

« *Toute écriture est inspirée de Dieu et utile cfr* ***2 Timothée 3 :16-17*** *et nous tenons autant plus certaine la parole prophétique à laquelle vous faites bien de prêter attention comme à une lampe qui brille dans un lieu obscur, jusqu'à ce que le jour vienne à paraitre et l'étoile du matin se lève dans nos cœurs; sachant tout d'abord vous-mêmes qu'aucune prophétie de l'écriture ne peut être un objet d'interprétation particulière, car ce n'est pas une volonté d'homme qu'une prophétie n'a jamais été apportée, mais c'est poussés par le Saint-Esprit que des hommes ont parlé de la part de Dieu.* cfr **2 Pierre 1 :19-21**. »

4. **La supériorité et la suprématie de la morale qu'elle (Bible) propose**

Le code moral que renferme la Sainte Bible défie toute comparaison, à titre d'exemples :

- Le Décalogue **Exode 20 :1-17** ; **Deutéronome 5 :6-21** ; et le sermon sur la montagne **Matthieu 4, 5,6** et **7** constituent la source d'inspiration de plusieurs normes éthiques à travers la planète
- La quasi-totalité des Etats du monde entier se sont référés au livre d'Exode et nombre et Deutéronome pour établir leurs codes pénaux et codes civils. Nos recherches et études personnelles nous permettent de croire que le régime politique en vigueur en république Islamique d'Iran est la copie certifiée et conforme du premier livre de SAMUEL, où il y'a un chef d'Etat, autorité politique à l'exemple de **Saul** sous l'influence est un Ayatollah, autorité religieuse à l'exemple de **Samuel**.

5. **L'accomplissement de ses prophéties, promesses et jugements**

La netteté avec laquelle les assertions bibliques se conforment prouvent à suffisance sa divine inspiration notamment les questions traitées relativement à la mort cfr **Hébreux 9 :27** ; **Genèse 3 :19** ; labeur du travail **Genèse 3 :11-19**, la douleur de **l'accouchement Genèse 3 :11-16**, les amendes transactionnelles **Matthieu 5 :25-26**.

6. Ses records par rapport à d'autres livres

Malgré tous les assauts contre son existence à travers les siècles, la Bible reste toujours un livre le plus antique ayant droit au chapitre dans l'actualité, et demeurant le livre le plus lu, le plus traduit, le plus vendu, le plus imprimé. Ceci prouve à suffisance que c'est un livre par excellence.

7. Auteur divin et rédacteurs humains

Nous avons soutenu ci-haut que Dieu est l'auteur suprême de la Bible et en est le tout premier rédacteur **Exode 31 :13** et **32 : 16**.

Puis Dieu inspirera plus ou moins quarante individus de rédiger les différents livres qui composent la Sainte Bible, parmi lesquels nous citons :

1. **MOISE**, il écrivit les cinq premiers livres de la Bible (Genèse, Exode, Lévitique, Nombre et Deutéronome), une certaine tradition lui attribue aussi la rédaction du livre de Job ;
2. **SAMUEL**, il est l'auteur de trois livres : 1 Samuel, Juge et Ruth ;
3. **NATHAN** et **GAD**, ils sont les deux auteurs du livre de 2 Samuel ;
4. **DAVID**, il écrivit un grand nombre des Psaumes ;
5. **JEREMIE**, la rédaction de 1 Rois, 2 Rois, Jérémie et Lamentation lui est attribuée.
6. **ESDRAS**, 1 Chroniques, 2 Chroniques et Esdras portent son écriture ;
7. **SALOMON**, **LEMUEL** et **AGUR** sont les trois auteurs du livre des Proverbes, mais pour **SALOMON**, il écrivit aussi l'Ecclésiaste et le Cantique des cantiques ;
8. **MARDOCHE**, il écrivit le livre d'Esther ;
9. **LUC**, il est l'auteur de l'évangile selon Luc et du livre des Actes des Apôtres ;
10. **PAUL**, treize sur vingt-un épitres du nouveau Testament lui sont attribuées ; mais l'épitre aux Hébreux dont un bon nombre des érudits lui attribue la rédaction est toujours sujet à des interminables débats ;
11. **JEAN** le Bien-Aimé, il rédigea l'évangile selon Jean, I, II et III jean ainsi que l'Apocalypse ;
12. Les fils de **KOREE** dont les noms et sont omis dans la bible sont désignés comme auteurs de quelques PSAUMES ;
13. Les Autres rédacteurs, ceux-ci sont les auteurs dont les livres écrits portent leurs noms(**JOSUE**, **NEHEMIE**, **ESAIE**, **EZECHIEL**, **DANIEL**, **OSEE**, **JOEL**, **AMOS**, **ABDIAS**, **JONAS**, **MICHEE**, **NAHUM**,

HABBACUK, **SOPHONIE**, **AGEE**, **ZACHARIE**, **MALACHIE**, **MATTHIEU**, **MARC**, **JACQUES** et **JUDE** ;

14. **SIMON-PIERRE**, il est l'auteur de deux épitres qui portent son nom ;

Parole de Dieu, Ecriture des Hommes

Il est clairement établi que de nombreux rédacteurs de la Bible, ont écrit sur l'ordre direct et verbal de Dieu et sous sa divine orientation.

«L'Eternel dit à MOISE, écris cela dans le livre, pour le souvenir s'en conserve **Exode 17 :14**, *lisez aussi* **Exode 34 :27**. *La quatrième année de JOJAKIM, fils de JOSIAS, Roi de Juda, cette parole fut adressée à JEREMIE de la part de l'Eternel en ces mots : prends un livre et tu y écriras toutes les paroles que je t'ai dit sur Israël, sur Juda et sur toutes les nations, depuis le jour où je t'ai parlé, au temps de JOSIAS, jusqu'à ce jour.* ***Jérémie 36 :1-2***. *J'étais à mon poste, et je me tenais la tour ; je veillais pour voir ce que l'Eternel me dirait ; et ce que je répliquerais après ma plainte. L'Eternel m'adressa la parole et il dit écrit la prophétie : graves-la sur les tables ; afin qu'on la lise couramment.* ***Habacuc 2 :1-3***. *Je fus ravis en esprit au jour du Seigneur, et j'entendis derrière moi une voix forte comme le son d'une trompette, qui disait : ce que tu vois écris-les dans un livre et envoie les aux sept églises, à Ephese, à Smyrne, à Pergame, à Thyatire, à Sardes, à Philadelphie et à Laodicée.* **Apocalypse 1 :10-11**.

Prophétie d'ABDIAS : Ainsi parle le Seigneur, l'Eternel, sur Edom : Nous avons appris une nouvelle de la part de l'Eternel, et un messager a été envoyé parmi les nations… **Abdias1**

La parole de l'Eternel fut adressée à JONAS fils d'AMITTAI, en ces mots : Jonas 1c'est pourquoi nous rendons continuellement grâce à Dieu de ce qu'en recevant la parole de Dieu, que nous vous fait entendre vous l'avez reçue, non comme la parole des hommes, mais, ainsi qu'elle l'est véritablement, comme la parole de Dieu, qui agit en vous qui croyez. **1Thessaloniciens2 :13** ».

Un Livre divin, un livre de Dieu

« Consultez le livre de l'Eternel, et lisez aucun d'eux ne fera défaut, ni l'un, ni l'autre ne manqueront ; car sa bouche l'a ordonné. C'est son esprit qui les rassemblera. **Esaïe 14 :16**.

Que celui qui a des oreilles entende ce que l'Esprit dit au Eglises. **Apocalypse 3 :13** et **22**. *Car la parole de Dieu est vivante et efficace, plus tranchante qu'une épée quelconque à deux tranchants pénétrante jusqu'à* *partager amé et esprit, jointure et moelle ; elle juge les sentiments et pensées du cœur.*

Nulle créature n'est cachée devant lui, mais tout est à nu et à découvert aux yeux de celui à qui nous devons rendre compte. **Hébreux 4 :12-13**. *Que ce livre de la loi ne s'éloigne point de ta bouche ; médite-le jour et nuit, pour agir fidèlement selon tout ce qui s'écrit ; car c'est alors que tu auras du succès dans tes entreprises, c'est alors que tu réussiras. Josué s1 :8. Mettez en pratique la parole... Mais celui qui aura plongé les regards dans la loi parfaite, la loi de la liberté et qui aura persévéré, n'étant pas un auditeur oublieux mais se mettant à l'œuvre, celui-là sera hébreux dans son activité* **Jacques 1 :22-25**. *Heureux l'homme qui ne marche pas selon le conseil des méchants, qui ne s'arrête pas sur la voie des pécheurs et qui s'assied pas en compagnie des moqueurs ; mais qui trouve son plaisir dans la loi de l'Eternel ; et qui la médite jour et nuit ; il est comme arbre qui est planté près d'un courant d'eau, qui donne son fruit en sa saison, et dont le feuillage ne se flétrit point tout ce qu'il fait lui réussit* **Psaumes 1 :1-3**. Et comme toutes les bonnes paroles que l'Eternel, votre *Dieu, vous avait dites se sont accomplis pour vous* **Josué 23 :15**. *Josué écrivit ces choses dans un livre de la loi de Dieu*. **Josué 24 :26** »

Quel est ce livre qui peut avoir des tels attributs ? Il ne peut être qu'un livre divin, un livre de Dieu. Toute personne rationnelle épris d'un minimum d'honnêteté intellectuelle et de sincérité sera d'accord que la sainte Bible est un livre inspiré de Dieu. **II Timothée 3 :16** ; **II Pierre 1 :19-21** ; **Jean 17 :17**. Toute la Bible n'a qu'un seul message fondamental et ce divin message, c'est JESUS-CHRIST cfr **Jean 1 :1-18** ; **5 :39** ; **20 :30-31** ; **Romains 10 : 17** ; **I Corinthiens 1 :22-23**.c'est ainsi que tout prédicateur qui se veut porteur du message fondé sur la Bible doit centrer sa prédication sur JESUS-CHRIST.

« Car personne ne peut poser un autre fondement que celui qui a été posé, savoir Jésus-Christ **I Corinthiens 3 :11**. *Les Juifs demandent les miracles et les Grecs cherchent la sagesse : Nous, nous prêchons Christ crucifié* **I Corinthiens 1 :22-23**. *Ceux qui avaient été dispersés allaient de lieu en lieu annonçant la bonne nouvelle de la parole. Philippe étant descendu dans la ville de Samarie, y prêcha le Christ.* **Actes 8 :4-5**.

Vous avez été édifiés sur le fondement des apôtres et des prophètes, Jésus-Christ étant la pierre angulaire. **Ephésiens 2 :20**.

Vous savez que je n'ai rien caché de ce qui vous était utile, et que je n'ai pas craint de vous prêcher et de vous enseigner publiquement et dans les maisons ; annonçant aux Juifs et aux Grecs la repentance envers Dieu et la Foi en notre Seigneur Jésus-Christ. **Actes 20 :20-21** »

L'ancien et le nouveau testament annoncent JESUS-CHRIST, c'est pourquoi tout enseignement qui se veut saine doctrine doit être Christocentrique, c'est-à-dire fondé sur la Bible et centré sur Christ. Aucune doctrine ne doit être établie sans être soutenue par JESUS.

CHAPITRE 2 :
LES SEPT PERFECTIONS DE LA NATURE DIVINE

« *Ces sept sont les yeux de l'Eternel, qui parcourent toute la terre*. **Zacharie 4 :10**. *Devant le trône brulent sep lampes ardents, qui sont les sept esprits de Dieu*. **Apocalypse 4 :5** ».

Un grand mystère se révèle dans **Zacharie 4 :10** et **Apocalypse 4 :5**, il s'agit de sept attributs divins non communicables qui sont omnipotence, l'omniscience, l'omniprésence, l'éternité, l'immuabilité, l'infaillibilité, l'infinité.

Dieu est omnipotent

L'omnipotence qui est l'une de sept perfections de la nature divine est synonyme de la toute-puissance, ceci consiste à ce que Dieu peut tout faire sauf rien. Cfr **Genèse 17 :1** ; **28 :3** ; **35 :11** ;**43 :14** ;**48 :3** ;**49 :5** ;**Exode 6** ;**3** ;**Nombres 24 :4** et **16** ; **Ruth 1 :20-21** ; **Job5 :17** ; **6 :4** et **14** ; **8 :3** et **4** ; **9 :19** ; **11 :7** ; **13 :3** ; **15 :25** ; **21 :15** et **20** ; **23 :3,17,23** et **26** ;**23 :16** ; **24 :1** ; **27 :2**, **10** et **13** ; **29 :5** ; **31 :2** et **35** ; **32 :8** ; **33 :4** ; **34 :12** ; **35 :13** ; **37 :23** ; **Psaumes68** ; **14**; **91 :1; Esaïe 13 :6**; **Ezechiel1 :24** ;**10 :5** ;**Joël 1 :15**. Dieu étant tout puissant, il se réserve le droit et l'autorité de tout faire, il crée, sauve, délivre, guérit, il a les capacités et potentialités totalement illimités, il peut tuer et faire vivre, élever et abaisser, construire et détruire, rien, alors rien ne s'oppose à lui.

« *Je reconnais que tu peux tout et rien ne s'oppose à tes pensées*. » **Job 42 :2** « *Tout ce que l'Eternel veut, il le fait dans les cieux et sur la terre, dans les mers et les abimes* ». **Psaumes 135 :6** « *Il disait : Aba, père toutes choses te sont possibles* ». **Marc 14 :36** « *Car rien n'est impossible à Dieu* ». **Luc 1 :37** « *Ce qui est impossible aux hommes est possible à Dieu*. **» Luc 18 : 27** « *Aux hommes cela est impossible, mais à Dieu tout est possible* ». **Matthieu 19 :26** Seul Dieu est omnipotent ou tout puissant, personne d'autre.

Dieu est omniscient

L'omniscience de Dieu fait de lui pleinement et absolument la source, le réservoir de toutes les connaissances et de toutes les sciences. Dieu étant omniscient, il connait tout et voit tout et partout.

« *Eternel : tu me sondes et tu me connais, tu sais quand je m'assieds et quand je me lève, tu pénètres de loin ma pensée ; tu sais quand je marche, et quand je me couche, et tu pénètres toutes mes voies, car la parole n'est pas sur ma langue, que déjà, Oô Eternel : tu la connais entièrement*. » **Psaumes 139 :1-4** « *Car les voies* *de l'homme sont devant les yeux de l'Eternel, qui observe tous ses sentiers.* » **Proverbes 5 :21** « *Les yeux de l'Eternel sont en tout lieu observant les méchants et les bons* » **Proverbes 15 :3**. « *Une science aussi merveilleuse est au-dessus de ma portée, elle est trop élevée pour que je puisse la saisir.* » **Psaumes 139 :8**

Dieu est la source et le générateur de toute sagesse et toute intelligence, rien ne se dérobe à ses yeux, il voit tout dans les plus moindres détails. Il connait nos pensées les plus cachées, nos actions les plus secrètes et nos intentions les plus occultes. **Psaumes 139 :11- 18** ; **Job 26 :6** ; **34 :21** ; **Jérémie 16 :17** ; **32 :19**, Job avait bien réalisé que seul Dieu est omniscient Job **28 :12-28** ; **39 :1-38** ; **40 :1-19** ; **41 :1-25**. « *Oui j'ai parlé, sans le comprendre, ses merveilles qui me dépassent et que je ne conçois pas.* » **Job 42 :3**

Dieu est omniprésent

Dieu est partout et à a tout moment, c'est l'omniprésence, l'un des sept attributs de sdivins non communicables, un jour lors d'une réunion d'étude Biblique, un jeune m'a posé cette question : « ***Docteur Benjoly, tu enseignes souvent les sept perfections de la nature divine, quant à l'omniprésence tu martèles que Dieu est partout et à tout moment, alors ma question est celle-ci : Est-ce que Dieu est aussi présent en enfer ?*** » La réponse à cette question m'est parvenue de manière spontanée et sans avoir ne fut-ce qu'une seconde de réflexion, je lui ai directement répondu ce comme suit : « ***Interrogez ceux qui font l'espionnage et le contre-espionnage, ils parlent de la présence absente et de l'absence présente, c'est-à-dire tout endroit hostile à la présence de Dieu n'annulera jamais son omniprésence, néanmoins la présence de Dieu dans tout lieu où l'atmosphère divin n'est pas favorisé; la présence de Dieu y serait une présence absente, c'est-à-dire non bénéfique et non manifeste, cependant ce lieu hostile à la sainteté ne saurait nullement échapper au contrôle et à l'œil vigilant du Dieu omniprésent***. »

« *Tu m'entoures par derrière et par devant, et tu mets ta main sur moi. Où-irais-je loin de ton esprit et où fuirais-je loin de ta face, si je monte aux cieux, tu y es ; si je me cache aux séjours des morts tu y voilà. Si je prends les ailes de l'aurore, et que j'aille habiter à l'extrémité de la mer, là aussi ta main me conduira et ta droite me saisira.* » **Psaumes 139 :5,7-10**

Dieu est omniprésent, il est partout et à tout moment, « *les cieux et les cieux des cieux ne peuvent pas les contenir, le ciel est son trône, la terre est son marchepieds.* »; il est peut aussi habiter dans le cœur de l'homme, il est omniprésent. **Genèse 28 :16 ; Actes 7 : 48-49 ; I Rois 8 :27** ; **Matthieu 28 :20**b.

Dieu est Eternel

Qui a créé Dieu ? Les enfants posent souvent cette question, mais la Bible nous relate les origines de tout sauf celle de Dieu, cependant ce qu'est Dieu lui-même nous le révèle.

« *Ainsi parle l'Éternel, roi d'Israël et son rédempteur, l'Eternel des armées, je suis le premier et je suis le dernier ; et hors moi il n'y oint de Dieu.* » **Esaïe 44 :6** « *C'est moi, moi qui suis le premier, c'est aussi moi qui suis le dernier.* » **Esaïe 48 :12** « *Je suis l'Alpha et l'Omega, le commencement et le fin.* » *Apocalypse 21 :6* « *Je suis l'Alpha et l'Omega, le premier et le dernier, le commencement et la fin.* » **Apocalypse 22 :13** Dieu est Eternel, il est sans début ni fin, il est alpha, Emmanuel, oméga **Apocalypse 1 :8** ; **Matthieu 1 :23**

Dieu est Immuable

Dieu est immuable, ceci veut dire qu'il ne change jamais, il a été, il est et il sera toujours le même depuis toujours et pour toujours. Cfr **Exode 3 :14** ; **Jean 8 :33**.

« *Qui a fait et exécuté ces choses ? C'est celui qui a appelé les générations dès le commencement, Moi, l'Eternel, le premier et le même jusqu'aux derniers âges* » **Esaïe 41 :4** *Toute grâce excellente et tout don parfait descend d'en haut, du père des lumières chez lequel il n'y a ni changement ni ombre de variation.* **Jacques 1 :17** Jésus-Christ(le Dieu véritable selon **1Jean 5 :20**) est le même hier, aujourd'hui et éternellement. **Hébreux 13 :8**.

Dieu est infaillible

Un soir en suivant à la télévision la prédication du Pasteur Gode Mpoy, le visionnaire et le titulaire de l'église Image de Je suis, j'avais appris que dans les langues rédactrices de la Bible telles qu'Araméen, hébreux, grec, les superlatifs tels que : très, le plus, hyper, super, archi, ultra, sont quasiment inexistant, (j'apprendrai aussi un autre soir par l'intermédiaire d'un pasteur à la radio parole Eternelle) et que pour marquer un superlatif, dans ces langues on martèle trois fois le même adjectif, par exemple : saint, saint, saint, qui veut tout simplement dire extrêmement saint, absolument saint, parfaitement saint, infiniment saint cfr **Esaïe 6 :3**.

Un autre soir j'apprendrai de l'intervention d'un pasteur sur les ondes de la radio parole éternelle, une précieuse vérité qui restera à jamais gravée dans mon cœur. L'homme Dieu a remis en question la fausse assertion selon laquelle Dieu est trois fois saint, martelant ainsi que se servir de l'expression Saint, saint, saint cfr **Esaïe 6 :3** et **apocalypse 4 :8**, pour afin de tirer la conclusion que Dieu est trois fois saint, c'est une hérésie. Comment la sainteté d'un Dieu infini ou illimité peut seulement se limiter au troisième degré ? Est-ce que Dieu est-il limité en sainteté ? S'interrogea cet homme de Dieu, il ne pourra jamais en être question poursuivra-t-il, la meilleure manière de comprendre le contenu d'**Esaïe 6 :3** et **Apocalypse 4 :8** est de croire et d'affirmer haut et fort que Dieu est infiniment saint et parfaitement saint dans un passé éternel, infiniment saint et parfaitement saint dans un présent éternel et infiniment saint et parfaitement dans un futur éternel.

J'ai immédiatement adopté ce point de vue et me suis mis à étudier cette question et à prêcher cette merveilleuse vérité avec brio jusqu'à ce jour.

Dieu est saintement saint, parfaitement parfait, absolument sans péché, sans faiblesse, sans erreur. Il ne peut jamais se tromper, jamais oublier, jamais faillir, il est donc infaillible.

« *Loin de Dieu l'injustice, loin du tout Puissant l'iniquité. Non, certes, Dieu ne commet pas l'iniquité, le tout-puissant ne viole pas la justice* ». **Job 34 :10 et 12** La sainteté est le domaine privilégié de Dieu, c'est l'essence même de sa nature, de sa divinité cfr **Exode 28 :36** et **39 :30**. Dire que Dieu est infaillible ceci voudrait dire simplement que Dieu est Tout Saint.

Dieu est infini

« Dieu est grand mais sa grandeur nous échappe, le nombre de ses années est impénétrable. » **Job 36 :26**. *Mon âme bénis l'Eternel : Eternel, mon Dieu tu es infiniment grand : tu es revêtu d'éclat et de magnificence.* » **Psaumes104 :1.** L'une des sept perfections qui constituent la nature dine est l'infinité. Dieu est infini, c'est-à-dire sa grandeur, sa puissance, sa force, sa sagesse, son intelligence, son amour, sa justice, sa miséricorde ainsi que, toutes ses qualités, capacités, potentiels, vertus ne sont pas limités ni en degré ni en dimension, ni en intensité, il est donc infiniment grand, insondable, inégalable, incomparable. Cfr. **Job 3 :9** ; **9 :10** ; **Psaumes 93 :1-5** ; **96 :4-5** ; **97 :1-9** ; **99 :1-2**.

CHAPITRE 3 :
LA DIVINITE ET L'HUMANITE DU SEIGNEUR JESUS-CHRIST

Le Seigneur Jésus-Christ de Nazareth est parfaitement Homme et parfaitement Dieu, cette sublime vérité est démontrée avec brio par les évidences bibliques ci-dessous :

Jésus a la même nature que Dieu le Père

« *Au commencement était la parole et la parole était avec Dieu et la parole était Dieu. Et la parole a été chair et elle a habité parmi nous, pleine de Grace et de vérité ; et nous avons contemplé sa gloire, une gloire comme la gloire du Fils unique venue du père.* **Jean 1 :1et 14**

Moi et le père nous sommes un. **Jean 10 :30** *Celui qui m'a vu a vu le père.* **Jean 14 :9 ;** *Il* est *l'image du Dieu invisible.* **Colossiens 1 :15** ;

Dieu dans ces derniers temps, nous a parlé par le fils, qu'il a établi héritier de toutes choses, par lequel il a aussi créé le monde, et qui étant le reflet de sa gloire et l'empreinte de sa personne. **Hébreux 1 :2-3** ; Quiconque va plus loin et ne demeure pas dans la doctrine de Christ n'a point Dieu ; celui qui demeure dans cette doctrine a le père et le fils. **2 Jean 9**. Parce qu'il disait que Dieu était son propre père, se faisant lui-même égal à Dieu. **Jean 5 :18**. Mais il (Dieu le père) a dit au fils : ton trône, Oô Dieu est éternel ; le sceptre de ton règne, est un sceptre d'équité ; tu as aimé la justice et tu as haï l'iniquité ; c'est pourquoi, Oô Dieu, Ton Dieu t'a oint, d'une huile de joie au-dessus de tes égaux. **Hébreux 1 :8-9** ; cfr **Psaumes 45 :7-8**. »

Autres évidences de la Divinité de Jésus

La divinité de Jésus est généralement attestée dans les portions des écritures où il est désigné comme le fils de Dieu, aussi les œuvres divines telles que le pardon des péchés, la création, la rédemption, la résurrection des morts et le don de vie. cfr **Jean 1 :2-3** ; **Colossiens 1 :15-16** ; **Marc 2 :7-10** ; **Luc 7 :48-50** ; **Jean 5 :17-23** sont accomplis par lui. L'adoration lui est rendue et par les hommes et par les anges **Hébreux 1 :6** ; **Apocalypse 5 :1-14** ; **Luc 24 :51-52** ; **Jean 20 :26** et **29** ; **Actes 7 :59-60**.

Encore une évidence

Les noms, titres et attributs divins lui sont décernés cfr **Esaïe 9 :5** ; **Jean 1 :1** ; **Matthieu 1 :23** ; **Jean 10 :30-36** ; **Romains 9 :4-5** ; **Matthieu 28 :18-20** ;

Ephésiens 1 :20-23 ; **Colossiens 1 :2-17** ; **2 :9** ; **Apocalypse 1 :5-8** ; **1 Jean 5 :20-21** ; **Philippiens 2 :5-10**.

Fils de Dieu et Dieu le Fils

Parmi ceux qui contestent la doctrine de la divinité de Jésus-Christ, il y'a ceux qui font des concessions en soutenant que Jésus-Christ est le fils de Dieu mais pas Dieu.

Examinons les écritures.

« A cause de cela, les juifs cherchèrent encore plus à le faire mourir, non seulement parce qu'il violait le sabbat, mais, parc qu'il disait que Dieu était son propre père, se faisant lui même égal à Dieu. **Jean 5 :18**. Les juifs lui répondirent : ce n'est pas pour une bonne œuvre que nous te lapidons, mais pour un blasphème, et parce que toi qui es homme, tu te fais Dieu. **Jean 10 :33** »

Certains s'appuient sur l'argument vacillant en disant que, Christ lui-même n'a pas revendiqué ouvertement sa divinité, cependant ces écritures font d'eux des menteurs. « Mais Jésus leurs répondit : *Mon père agit jusqu'à présent et moi aussi, j'agis… afin que tous honorent le fils comme ils honorent le père*. **Jean 5 :17-23**, cfr **Esaïe 42 :8** ». Et la pertinente question, est-ce que la nature divine de Christ consiste aux sept perfections telles qu'au chapitre précèdent ? cfr **Zacharie 4 :10** et **Apocalypse4 :5**. La parole de Dieu répond par l'affirmatif « *Et je vis au milieu du trône et des quatre êtres vivants et au milieu des vieillards, un agneau était la comme immolé. Il avait sept esprits de Dieu envoyés par toute la terre*. **Apocalypse 5 :6** comparez avec **Jean 1 :29** et **Zacharie 4 :10** et **Apocalypse 4 :5** »

Est-ce que Jésus est-il omnipotent comme le Père ?

« *Jésus, s'étant approché, leur parla ainsi tout pouvoir m'a été donné dans le ciel et sur la terre*. **Mathieu 28 : 18**. *Voici, il vient avec les nuées et tout œil le verra, même ceux qui l'ont percé ; et toutes les tribus de la terre se lamenteront à cause de lui. Oui. Amen. Je suis l'Alpha et l'Omega, dit le Seigneur Dieu, celui qui est, qui était et qui vient, le tout-puissant*. **Apocalypse 1 :7-8.** … *Et tout ce que le père fait, le fils aussi le fait pareillement*. **Jean 5 :19** ».

Est-ce que Jésus est-il omniscient comme le Père ?

« *Mais Jésus ne se fiait point à eux, parce qu'ils les connaissaient tous, et parce qu'il n'avait pas besoin qu'on lui rende témoignage d'aucun homme, car il savait lui-même ce qui était dans l'homme.* **Jean 2 :24-25** ». Lisez aussi **Jean 1 :48-49** ; **Marc 2 :8** ; **Colossiens 2 :2-3**.

Est-ce que Jésus est-il omni présent comme le père ?

« *Car là où deux ou trois personnes sont assemblés en mon nom, je suis au milieu d'eux.* **Matthieu 18 :20**. *Je suis avec vous tous les jours jusqu'à la fin du monde.* **Matthieu 28 :20b**».

Est-ce que Jésus est-il Eternel comme le père ?

« *Et toi Bethlehem Ephrata, petite entre mes milliers de Juda, de ti sortira pour moi celui qui dominera su Israël, Et dont l'origine remonte aux temps anciens, aux jours de l'éternité.* **Michée 5 : 1(2)** » **Luc 1 :33** ; lisez aussi **Jean 1 :26 ; 8 :58** ; comparez avec **Exode 3 :14-15** ; **Hébreux 7 :1(11).**

Est-ce que Jésus est-il immuable comme le Père ?

« *Jésus-Christ est le même hier, aujourd'hui et éternellement*. **Hébreux 13 :8** ».

Est-ce que Jésus est-il infaillible ?

« *Il nous convenait en effet d'avoir un souverain sacrificateur comme lui, saint, innocent, sans ache, séparé des pécheurs et plus élevé que les cieux* **Hébreux 7 :26**(Lisez aussi les versets 27 et 28) ».

Est-ce que Jésus est-i infini comme le père ?

« *Jésus lui répondit, quiconque boit encore de cette eau aura encore soif ; mais celui qui boira de l'eau que je lui donnerai deviendra en lui une source d'eau qui jaillira jusqu'à à la vie éternelle.* **Jean 4 :13-14**. *Et tout ce que vous demanderez en mon nom, je le ferai ; afin que e père soit glorifié dans le fils*. **Jean 14 :13** ». Les saintes écritures nous ont suffisamment et parfaitement démontré la divinité de Jésus maintenant voyons aussi son humanité.

Homme-Dieu

Le Seigneur Jésus s'identifiait à l'humanité en se présentant souvent comme fils de l'homme. Il devient réellement homme, un homme parfait pour racheter l'homme imparfait. Cfr **Luc 5 :24** ; **6 :5** et **22** ; **7 :34** ; **9 :26** et **44** et **58** ; **11 :30** ; **12 :40** ; **17 :24** ; **26** et **30** ; **18 :8**et**31** ; **19 :10** ; **21 :36** ; **22 :22**. Jésus est fils de Dieu et Dieu fils de l'homme et homme, étant que fils de Dieu, il fut engendré du père depuis l'éternité étant que homme il fut né de la vierge marie à Bethléem. « *Désormais le fils de l'homme sera assis à la droite de la puissance de Dieu*. **Luc 22 :69**. *Car il y'a un seul Dieu et aussi un seul médiateur entre Dieu et les* *hommes, Jésus-Christ homme.* **I Timothée 2 :5**. *Jésus sortit donc, portant la couronne d'épines et le manteau de pourpre. Et Pilate leur dit : Voici l'homme* **Jean 19 :5** ».

CHAPITRE 4 :
LE MYSTERE DE L'INCARNATION ET DE LA THEOPHANIE

Nous l'avons souligné précédemment que l'incarnation consiste à ce que Dieu se fit homme en la personne de Jésus-Christ(Dieu) se manifestait et se manifeste sous diverses formes humaines, angélique et autres, cette vérité est appelé, dans le jargon théologique « ***la Théophanie*** » c'est une vérité qui doit être annoncée et crue.

« *Et la parole a été faite chair et elle a habité parmi nous, pleine de grâce et de vérité et nous avons contemplé sa gloire, une gloire comme la gloire du fils unique venu du père.* **Jean 1 :14** »

C'est pourquoi, christ entrant dans le monde, il dit ; *tu n'as voulu ni sacrifice ni offrande, mais tu m'as formé un corps* : **Hébreux 10 :5**. *...Dieu a été manifesté en chair* **I Timothée 3 :16**. *Et qu'il est apparu à Céphas, puis aux douze. Ensuite, il est apparu à plus de cinq cents frères à la fois, dont la plupart sont encore vivants et dont quelques-uns sont morts. Ensuite, il est apparu à Jacques et à tous les apôtres. Apres eux tous, il m'est aussi apparu à moi, comme à l'avorton*. **I corinthiens 15 :5-8**. La théophanie est une doctrine étroitement liée à l'incarnation ». Avant l'incarnation, il est apparu à Abraham sous le nom de Melchisédech **Genèse 14 :18-20** ; **Hébreux 7 :1-11**, à Josué il se présenta comme le chef de l'armée de l'Eternel Josué 5 :13-15, pour la énième fois il apparaitra à Abraham **Genèse 28 :12-13 ; 18 :1-3** ; puis à Jacob **Genèse 32 :24-32** ;à Gédéon **Juges 6 :12-23** ; à Manoach et à sa femme **Juges 13 :3,6** et **8-23**. Les écritures nous expliquent ensuite que l'échelle que Jacob vit dans la vision, le rocher que Moise frappa, la colonne de feu et la nuée qui conduisait Israël dans le désert ; tous ces objets sacrés ainsi que le tabernacle dressé par Moise dans le désert représentaient Christ cfr **Genèse 28 :12-13** ; **Jean 1 :51** ; **Nombres 9 :15-25** ; 1**Corinthiens 10 :4**. Il apparaitra aussi à Moise plus d'une fois **Exode 3 :1-6** ; à la fournaise ardente au milieu de trois jeunes hébreux. **Daniel 3 :25**.

Apres l'incarnation nous voyons Jésus (Dieu) apparaitre à plusieurs reprises sous plusieurs formes notamment à Paul **Actes 9 :1-9** ; à Jean **Apocalypse 1 :1-20** ; aux deux disciples sur le chemin d'Emmaüs **Luc 24**, aux Apôtres réunis à la maison plus d'une fois **Jean 20**. Lisez aussi **I Corinthiens 15 :5-8**.

CHAPITRE 5 :
LA PERSONALITE ET LA DIVINITE DU SAINT-ESPRIT

Le Saint-Esprit est la troisième personne de la divinité, il procède du Père et du Fils, il est un être réel, Divin, consubstantiel et égal à Dieu le Père et au Seigneur Jésus-Christ. Depuis la création jusqu'à ces jours Dieu le Saint-Esprit est toujours à l'œuvre en parfaite unité avec les deux autres membres de la trinité, les preuves de sa personnalité aussi bien que de sa divinité sont suffisamment évidentes dans la sainte Bible.

La personnalité du Saint-Esprit

L'un des attributs qui prouvent la personnalité de Saint-Esprit, est le fait qu'il se présente dans les écritures comme en être intelligent, cfr **I Corinthiens 2 :10-12** ; **Romains 8 :14-17** ; **Actes 16 :6-7** ; **13 :2**.

L'intelligence à la fois conceptuelle, active, pratique et opérationnelle constitue l'une des facultés personnelles dont dispose le Saint-Esprit. Il parle **Actes 13 :2** ; Commande **Actes 16 :6** ; conduit **Romains 8 :14** ; témoigne Romains 8 :16 ; sonde I Corinthiens 2 :10 ; inspire **II Pierre 1 :21**, tous ces actes ne peuvent être posés que par un être intelligent, ensuite nous décelons en la personne du Saint-Esprit une autre faculté personnifiant qu'est « ***LA VOLONTE*** » cfr **Actes 16 :6-7** ; **Romains 8 :14** ; **Galates 5 :18** ; **I Corinthiens 6 :11** ; **12 :11**. La volonté manifeste et délibérée dans le chef du Saint-Esprit fait évidemment de lui une personne réelle « *Un seul et même Esprit opère toutes ces choses, les distribuant à chacun en particulier comme il veut.* **I Corinthiens 12 :11** ».

Enfin dans le chef du Saint-Esprit, nous décelons aussi la sensibilité et l'émotivité deux facultés exclusivement réservées à des personnes. Cfr **Ephésiens 4 :30** ; **Romains 5 :5** ; **15 :30** ; **Esaïe 63 :10**.

La Divinité du Saint-Esprit

Dieu est Esprit **Jean 4 :24** ; Dieu est Saint **I Pierre 1 :6-16** ; donc Dieu est à la fois Esprit et Saint, alors croyons qu'il est esprit Saint ; cependant si est seulement si Dieu est Esprit Saint ; alors qui peut douter que le Esprit Saint est Dieu ? Voyons comment le Saint-Esprit est désigné dans la Bible.

« Or, le Seigneur (Dieu) c'est l'esprit ; **II Corinthiens 3 :17**, comparé avec **Jean 4 :24**.

Pierre lui dit : Ananas, pourquoi Satan a –t-il rempli ton, cœur, au point que tu mentes au Saint-Esprit… ? … ce n'est pas à des Hommes que tu as menti, mais à Dieu(Saint-Esprit) **Actes 5 :3-4** » le Saint-Esprit entant que Dieu Tout puissant au même titre et ayant la même nature divine que Dieu le Père et Le Seigneur Jésus-Christ ; le Saint-Esprit est Omnipotent **Job 33 :4** ;**26 :13** ; **Genèse 1 :1-2** ; **I Pierre 3** :**18** ;**Jean 6 :63** ;**Romains 8** ;**11** ; **II Corinthiens 3 :6** ; Il est Omniscient **Esaïe 11 :1-2** ; **I Corinthiens 2 :10-12**, Il Omniprésent **Genèse 1 :1-2** ; **Psaumes 139 :7-12** ; **Jean 14 :17**, Il est Eternel **Jean 14 :16**, Il est Immuable **Esaïe 42 :1** ; **61 :1** ;**Matthieu 3 :16** ; **Actes 10 :33** ;**Luc 1 :15-17** ; **Juges 13 :24-25** ; **16 :13**, Il est Infaillible **Jean 14 :26** ; **16 :13**, IL est Infini **Actes 2**. Etant Dieu, il est absolument nécessaire et évident que tous les noms, titres, et attributs divins lui sont décernés.

Les différents rôles du Saint-Esprit

- Le Saint-Esprit s'attributs des multiples rôles à la sainte Bible le présent comme Créateur **Job 26 :3 ; 33 :4** ;
- Rédempteur (Donateur de vie) **II Corinthiens 3 :6** ; **I Pierre 3 :18** ;
- Conducteur(Guide) **Romains 8 :14** ; **Actes 16 :6 :6-7** ; **Jean 16 :13** ;
- Instructeur(Enseignant) **Luc 12 :12** ; **Actes 13 :2** ; **16 :6-7** ; **Jean 16 :13**
- Inspirateur et révélateur **II Pierre 1 :21** ; **Galates 4 :6** ; **Apocalypse 2 :7** ; **Actes 13 :2** ;
- Consolateur **Jean 14 :26** ; **16 :13** ;
- Intercesseur **Romains 8 :11**.

CHAPITRE 6 :
LA SAINTE TRINITE OU LA TRIBITE DIVINE

Dieu est par sa nature (Omnipotent, Omniscient, Omniprésent, Eternel, Immuable, Infaillible, Infini) et trois en personnes (le Père, le Fils et le Saint-Esprit). La nature divine est une.

« *L'Eternel, notre Dieu, est le seul Eternel*. **Deutéronome 6 :4**. *Dieu est unique et qu'il y'en a point d'autre que lui* **Marc 12 :32** » mais les personnes divines sont trois

« *Il y'en a trois qui rendent témoignage dans le ciel : le Père, le Fils et le Saint-Esprit*. **I Jean 5 :7**(version Thompson). *Saint, Saint, Saint es le Seigneur Dieu le Tout-Puissant*. **Apocalypse 4 :8** »

Certains affirment à tort que la trinité consiste à une seule et même personne, Jésus-Christ sous trois noms divins ou trois manifestations divines, Il est le Père dans le ciel ; Il est devient le Fils quand il s'incarne, Il est le Saint-Esprit quand il se manifeste à l'Eglise à la nouvelle dispension. Cependant, les chapitres précédents et les différents points développés dans ce chapitre font d'eux des menteurs et des confusionnistes et égarés.

Analysons une à une les différentes assertions qui attestent la divinité de trois en unité que nous appelons sublimement « ***TRINITE*** ».

Dieu est une personnalité plurielle

Le concept Dieu employé au premier verset du premier chapitre de Genèse, est traduit de l'hébreux « **ELOHIM** » et ceci est la formule plurielle du mot « **ELOHA** » qui signifie « Dieu », le vocable « **JOHAVAH ELOHIM** » traduit par Eternel Dieu suivi du prénom personnel pluriel ' ***NOUS*** ' atteste que Dieu est en lui plus d'une personne. Cfr **Genèse 1 :26** ; **3 :22** ; **11 :6-7** ; **Esaïe 6 :8** ; **Jean 14 :16**, **19-26** ; **17 :1-3** ; **11** et **21-22**.

Trois personnes en un seul et même Dieu

Il y'en a trois qui rendent témoignage, nous dit **I Jean 5 :7** , La triple révélation de Dieu à Moise **Exode 3 :11-15**. La triple louange des armées célestes à un Dieu unique **Esaïe 6 :3** ; **Apocalypse 4 :8** nous mettent en évidence la véracité de la divinité de trois en un seul et même Dieu que nous appelons « ***TRINITE*** »

Relation entre le Père, le Fils et le Saint-Esprit

Dans les différentes portions des saintes écritures, les façons dont trois membres de la trinité sont énumérés alimentent notre curiosité :

1e Disposition : le Père, le Fils, le Saint-Esprit

« *... les Baptisant au nom du Père, du Fils et du Saint-Esprit*. **Matthieu 28 :19**. *Il y'en a trois qui rendent témoignage dans le ciel : le Père, la parole et le Saint-Esprit*. **I Jean 5 :7** Version Thompson°

2e Disposition : le Fils, le Père, le Saint-Esprit

« *Que la grâce du Seigneur Jésus-Christ, l'amour de Dieu et la communion du Saint-Esprit soient avec vous tous*. **II Corinthiens 13 :13**. *Car par lui(Jésus) nous avons les uns et les autres accès auprès du Père, dans un même Esprit*. **Ephésiens 2 :18**. *Et moi(Jésus), je prierai le Père et il vous donnera un autre consolateur(le Saint Esprit) afin qu'il demeure éternellement avec vous*. **Jean 14 :16**

3e Disposition : Le Saint-Esprit, le Père et le Fils

« *L'Esprit du Seigneur(le Père) est sur moi(Jésus)* **Luc 4 :18**. *Mais le consolateur, l'Esprit Saint que le Père enverra en mon nom(Jésus)*. **Jean 14 :26**. *L'ange lui répondit : le Saint-Esprit viendra sur toi, et la puissance du Très Haut(le Père) te couvrira de son ombre. C'est pourquoi le Saint enfant(Jésus) qui naitra de toi sera appelé Fils de Dieu*. **Jean 1 :35**.

4e Disposition : Le Père, le Saint-Esprit et le Fils

« *Et qui sont élus selon la prescience de Dieu le père, par la sanctification de l'Esprit ; afin qu'ils deviennent obéissants et qu'ils participent à l'aspersion du sang de Jésus-Christ*. **I Pierre 1 :2**. *Vous savez comment Dieu a oint du Saint-Esprit et de force Jésus de Nazareth*. **Actes 10 :38**.

5e Disposition : Le Fils, le Saint-Esprit et le Père

« *Dès que Jésus eut été baptisé, il sorti de l'eau. Et voici, les cieux s'ouvrirent, et vit l'Esprit de Dieu descendre comme une colombe et venir sur lui. Et voici, une voix fit entendre des cieux ces paroles : celui-ci est mon fils bien-aimé, en qui j'ai mis toute mon affection*. **Matthieu 3 :16-17**.

6e Disposition : Le Saint-Esprit, le Fils et le Père

« Il y'a diversité des dons, mais le même Esprit (saint) ; diversité de ministères, mais le même Seigneur(Jésus); diversité d'opérations, mais le même Dieu(le Père) qui opère tout en tous. **I Corinthiens 12 :4-6**. *Quand sera venu le consolateur(le Saint Esprit) que je(Jésus) vous enverrai de la part du Père, l'Esprit de vérité.*

Certains soutiennent à tort que parce que le mot « ***TRINITE*** » ne se trouve nulle part dans la Bible, cet enseignement ne saurait être vrai je leur rétorque la question, ou trouve-t-on le mot Bible dans le Bible ? Est-ce que c'est pour autant que la Bible ne saurait être vraie ? La foi en la parole de Dieu nous autorise de croire à la véracité selon laquelle que Dieu est un par sa nature et trois en personnes. Le Père est Dieu, le Fils est Dieu, le Saint-Esprit est Dieu et les trois sont un, un seul et même Dieu. Cfr I **Jean 5 :7**; **Matthieu 3 :16-17** ; **28 :19** ; **Esaïe 6 :3** ; **Daniel 10 :7,9-13**.

CHAPITRE 7 :
LA CREATION, L'ŒUVRE DIVINE DE DIEU

DIEU CREATEUR

« *Au commencement Dieu créa les cieux et la terre* **Genèse 1 :1**. *L'Éternel Dieu forma l'homme de la poussière de la terre* **Genèse 2 :7** »

Dieu créa aussi bien l'univers que l'humanité. **Genèse 1&2**.

C'est Dieu qui créa toutes les choses dans les cieux, sur la terre et sous la terre. Il a tout crée par sa puissance, sa sagesse et son intelligence, la théorie de l'évolution n'a aucun fondement scientifique ni aucune évidence historique. Cfr **Genèse 1 :1-31** ; **2 :7** et **18-25. Psaumes 102 :26** ; **24 :1-2** ; **33 :6** ; **95 :3-6** ; **104 :1-3** ; **Romains 1 :18-25**. Les trois personnes de la trinité : Dieu le Père, Dieu le Fils et Dieu le Saint-Esprit ont chacun à ce que la concurrence pris part à l'œuvre de la création aussi bien individuellement que collectivement. Cfr **Genèse 1 :1-2** ; Psaumes 33 :6 ; Esaïe 44 :24 ; Jérémie 10 :12 ; **Actes 15 :15** ; **Jean 1 :1-3** ; **Colossiens 1 :1-16** ; **Job**

La Création de l'Univers et l'Homme

Dieu créa le monde pendant les cinq premiers jours par sa parole **Genèse 1 :1-23** ; **Hébreux 11 :3** ; **Exode 20 :11**, le sixième jour il créa l'Homme de la poussière de la terre et souffla dans ses narines et l'homme devint un être vivant **Genèse 2 :7**, plus tard il lui fera une aide semblable qu'est la femme **Genèse 2 :18** et **21** ; **5 :1-2**. La Bible précise que Dieu créa l'homme et la femme à son image et à sa ressemblance. L'image que Dieu conféra à l'homme ; c'est la sainteté, la pureté et la perfection **Ephésiens 4 :23-24** ; **Colossiens 1 :15** ; **Luc 1 :74-75** ; **Hebreux1 :1-3**. La ressemblance de Dieu, dont l'homme est formée est la forme corporelle(Physique), **I Corinthiens 15 :40** ; **Esaïe 59 :1-2** ; **Matthieu 5 :33-34** ; **Proverbes 15 :3**. La forme humaine à la création avait été calquée sur le corps physique de Jésus, lequel fut formé avant toute chose **I Corinthiens 15 :4** ; **Hébreux 10 :5** ; **Proverbes 8 :22-30**. Cependant, le récit de la création donne naissance à deux théories de son interprétation à savoir : la théorie quotidienneté et la théorie millénariste.

La théorie quotidienneté ou la théorie de l'interprétation littérale

Selon cette théorie, la création eut lieu pendant six jours chronologiques de 24 heures, les partisans de la théorie de l'interprétation littérale soutiennent leur thèse par le fait que chacun des jours de la création se clôturait par l'expression suivante « *ainsi il eut un jour et il eut une nuit* » une journée et une nuit faisant le jour entier de 24 heures.

La théorie Millénariste ou la théorie de l'Interprétation Allégorique

S'inspirant de Pierre les partisans de cette théorie soutiennent que le fait que dans la mathématique de Dieu un jour veut dire mille ans et mille ans valent un jour Cfr **Psaumes 90 :4** ; **2Pierre 3 :8**, l'œuvre de la création eut lieu pendant une longue période de six mille ans, et que le jour du repos de l'Eternel eut lieu pendant mille ans, aussi l'expression jour et nuit ne représente que des fréquences alternatives des périodes de lumière spirituelle et celle des ténèbres spirituelles.

Les partisans de la théorie de l'interprétation allégorique vont plus loin disant que de même que la création dura si mille (6.000) ans et le créateur eut un repos de mille (1.000), de même façon que l'œuvre de la rédemption d'Adam à nos jours durera six mille (6.000), (à la fin de la deuxième millénaire) et les affranchis de Dieu auront du repos de mille(1.000) ans, allusion faite au repos de Christ sur terre s'appuyant ainsi sur **Hébreux 4 :1-11**.

Les deux Théories face à la lumière de la Doctrine Christocentrique

La doctrine christocentrique que nous professions opte pour la théorie de l'interprétation littérale ou la théorie quotidienneté. Contrairement à Henry HALLEY qui dans son manuel Biblique prend une position médiane, quand nous notre option en faveur de l'interprétation littérale est justifiée par les arguments suivants :

1. La thèse de six mille (6.000) ans de la création plus mille(1.000) ans du repos du créateur qui constitue les sept mille (7.000) ans de (la première phase de l'existence) et Six mille (6.000) ans de rédemption plus mille (1.000) ans de repos des affranchis (deuxième phase de l'existence) présente une grande incohérence. Car, en 7.000 ans de la première phase d'existence l'humanité consomma déjà 1.000 ans, plus 7.000 ans de la deuxième phase d'existence (de la rédemption) ne font 8.000 ans sur 14.000 ans, et donc c'est un déséquilibre, par rapport à la mathématique que nous proposent les millénaristes.

2. Le 7e millénaire, soit (3e millénaire après Jésus-Christ) le quel devait selon eux correspondre au repos des affranchis est déjà consommé par plus d'une vingtaine d'années, le repos des affranchis n'a pas encore eu lieu (pas d'enlèvement de l'Eglise, pas de règne millénaire), ceci atteste que **Hébreux 4 :1-11** ne s'appliquent pas à cette interprétation.
3. Nous ne pensons pas qu'un Dieu Omnipotent pour prononcer une simple parole créatrice comme « ***QUE LA LUMIERE SOIT*** » peut prendre mille ans pour le faire.
4. En exode quand Dieu institua le septième jour, comme jour de repos, il n'insista pas sur une période de mille Ans ; mais plutôt sur une période de vingt-quatre heures.

   Enfin, pour clore ce chapitre, nous tenons à signaler que la création de l'homme met en évidence le génie multi systématique de Dieu, du fait que Dieu dans son Omniscience et Infini sagesse a eu à amener à l'existence quatre types de personnes dont premièrement Adam né sans père, ni mère ; deuxième Eve avec née père sans mère ; troisième nous autres nés avec père et mère puis quatrième Jésus, né sans père, mais avec une mère.

Pour clôturer cette première partie de ce livre, nous confessons haut et fort que Dieu est un mystère.

IIème Partie : L'HOMME ET SON SALUT

QU'EST-CE QUE L'HOMME ?

L'homme est un être créé à l'image et à la ressemblance de Dieu, est un agent libre doté d'intelligence, de volonté, de conscience, de capacité de choisir le bien ou la mal, la vie ou la mort, d'obéir ou de désobéir à Dieu, d'accepter ou de rejeter la grâce de Dieu. L'homme est un être tridimensionnel ou tri partite, ayant un corps (organisme matériel ou enveloppe biologique), une âme (personne originale ou homme intérieur), un esprit (qui qui inclut le souffle de vie ainsi que les facultés mentales et intellectuelles).

LA CHUTE DE L'HOMME ET SES CONSEQUENCES

Par la désobéissance à Dieu, l'homme créé parfait pécha et se rendit lui-même imparfait et fut digne de mort éternelle et privée de la gloire de Dieu **Romains 3 :23** et **6 :23**, le péché commit par l'homme entraina au détriment de l'Univers et de l'humanité, la condamnation et la malédiction avec son cortège de tous les malheurs imaginables et inimaginables.

LE PLAN DU SALUT, SON EXECUTION ET SES CONSEQUENCES

Par sa prescience et son immense amour Dieu conçu un plan du salut pour l'homme, ce plan inclut le salut de tout homme (image du salut par la grâce de Dieu au moyen de la foi en son Fils pour toute personne sans discrimination aucune) et cfr **Jean 3 :16** ; **Actes 2 :21** ; **Romains 10 :13** ; **I Timothée 2 :4-5** et le salut de tout l'homme (c'est-à-dire la délivrance du pouvoir du péché et de ses conséquences qui en découlent spirituellement, matériellement et physiquement) cfr **III Jean 2**. Le salut de l'humanité avait accompli par Christ au calvaire. Le salut de l'homme commence à la justification et s'achève la glorification.

CHAPITRE 8 : L'HOMME ET LE SALUT

Homme : Esprit, Ame, Corps

« *Que le Dieu de paix nous sanctifie lui-même tout entiers ; que tout être, l'esprit, l'âme et le corps, soit conservé irrépréhensible lors de l'avènement de notre Seigneur Jésus-Christ* » **I Thessaloniciens 5 :23**. *Dieu créa l'homme à son image et à sa ressemblance* **Genèse 1 :26-27** ; **5 :1-2** c'est-à-dire l'homme est la représentation de Dieu sur terre. Tout ce qui compose l'homme émane de Dieu. Dieu a l'âme **Hébreux 10 :38** ; Dieu a l'esprit **Genèse 6 :3** ; Bien que ceci soit un sujet à des multiples et interminables débats, les écritures nous permettent aussi de croire que Dieu a le corps. **I Corinthiens 15 :40** ; **Esaïe 59 :1** ; **Proverbes 5 :21** ; **15 :3** ; **Matthieu 5 :34-35** ; **Exode 33 :18-23**. L'homme aussi est un esprit, âme et corps cfr **I Thessaloniciens 5 :23**.

Le Corps

« C'est pourquoi Christ, entrant dans le monde dit : tu n'as voulu ni sacrifice ni offrande, mais tu m'as formé un corps **Hébreux 10 :5**». L'Eternel Dieu forma l'homme de la poussière de la terre, il souffla dans ses narines un souffle de vie et l'homme devint un être vivant. **Genèse 2 :7**. Lorsque Dieu créa l'homme, il le fit à la ressemblance de Dieu**. Genèse 5 :1**. Il y'a aussi des corps célestes et des corps terrestres. **I Corinthiens 15 :40**. Le corps humain dont la formation est décrite dans le livre de Genèse, avait été fait à la ressemblance à celui que le Père forma pour Jésus-Christ avant la création même cfr **Proverbes 8 :22** ; **Hébreux 10 : 5** et **Jean 1 :14**. Le corps humain constitue l'enveloppe anatomique abritant l'être de l'homme, contrairement à l'esprit et l'âme ; le corps est visible et matériel. Le corps de l'homme fut créé parfait et immortel, mais il est rendu imparfait et mortel à cause du péché. **Genèse 3 :16-19** ; **Marc 14 : 33** ; **I Corinthiens 15 :42-44**.

L'Ame et l'Esprit

« *Car la parole de Dieu est vivante et efficace, plus tranchante qu'une épée quelconque à deux tranchants, pénétrante jusqu'à partager âme et esprit, jointure et moelles* » **Hébreux 4 :12**. Âme et Esprit faisant partie de la dimension immatérielle de l'être humain, de ce fait font l'objet de confusion, la plupart des gens ont tendance d'employer l'un à la place de l'autre, néanmoins à la lumière de la parole de Dieu ; il n'y'a pas vraiment raison de confondre les deux concepts, les quels sont tout à fait distinct l'un à l'autre. Cinq raisons bibliques nous autorisent d'établir la différence entre l'âme et l'esprit.

1. **Hébreux 4 :12** établit la nette différence entre l'âme et l'esprit comme deux concepts évoquant deux notions différentes.
2. L'âme se perd mais l'esprit ne se perd pas lisez **Ezéchiel 18 :4** ; **Matthieu 10 :28** ; **Marc 8 :36-37** ; **Luc 9 :56** comparez avec **Ecclésiaste 12 :9**.
3. L'âme se sauve, mais l'esprit ne se sauve pas, lisez **Luc 9 :56** ; **21 :19** ; **Jacques 1 :21** ; **5 :20** ; **I Pierre 1 :9** ; **III Jean 2**.
4. L'âme est le siège des sentiments et des émotions **Matthieu 11 :29** ; **12 :18** ; **22 :37** ; **26 :38** ; **Marc 14 :34** ; **Luc 1 :46** ; **2 :35** ; **12 :19**;**21 :26**; **Jean12** ; **27** ; **Actes 4 :32** ; **15 :24** ; **Romains 2 :9** ; **Philippiens 1 :27** ; **2** ; **2** ; **Hébreux 10 :38** ;**I Pierre 2 :11** ; **II Pierre 2 :8** et **14** tandis que l'esprit est le siège des facultés mentales et intellectuelles **Job 32 :8** ; **I Corinthiens 2 :11** ; **5 :5**.
5. L'âme constitue l'homme intérieur, la vraie personne **Actes 2 :27 ; I Corinthiens 15 :45** ; **I Pierre 2 :14** ; **Apocalypse 6 :9** ; **20 :4** ; tandis que l'esprit constitue le souffle de vie **Ecclésiaste 12 :9** ; **Actes 7 :59** ; **Matthieu 27 :50**.

L'Ame et le Corps

« *Comme le corps sans âme est mort* » **Jacques 2 :26**.

A la mort, l'âme (l'homme intérieur) qui le corps (l'homme extérieur), l'homme est littéralement vivant quand l'âme et le corps cohabitent ensemble, tandis que la séparation du corps d'avec l'âme constitue la mort physique.

L'Esprit et le Corps

« *Avant que la poussière retourne à la terre, comme elle y'était, et que l'esprit retourne à Dieu qui l'a donné* » **Ecclésiaste 12 :9**. A la mort c'est-à-dire, lors de la séparation du corps d'avec l'âme. Le corps peu importe l'état de l'âme de la personne morte, retourne à la poussière **Genèse 3 :19**, l'esprit peu importe l'état de l'âme de la personne monte en haut, chez Dieu qui l'a donné **Ecclésiaste 3 :21** et **8 :8** ; tandis que l'âme, l'homme intérieur, la vraie personne part au lieu de félicité pour le juste ; alors que l'âme du pécheur va au lieu de tourment. cfr **Luc 16 :19-31** en est la parfaite illustration. Lisez aussi **Apocalypse 6 :9** ; **20** ; **4** et **12-15**. La volonté parfaite et souveraine de Dieu est que nous soyons entièrement saints dans notre esprit, âme et corps.

CHAPITRE 9 :
LE LIBRE-ARBITRE, LA CHUTE DE L'HOMME ET LE PECHE

Dieu créa l'homme comme un agent libre de choisir le bien et le mal, la vie ou la mort, d'obéir ou de désobéir à Dieu, de l'aimer ou de ne pas l'aimer. L'homme (et la femme) est une créature dotée d'intellect, de conscience, d'intelligence, de volonté. L'homme est diffèrent d'une machine, d'une bête, d'un végétal. Cette capacité ou cette possibilité confère à l'homme le pouvoir de choix et cette faculté est appelée dans le jargon théologique ''***LE LIBRE-ARBITRE***.'' Au jardin d'Eden, lieu parfait de félicité terrestre où Dieu plaça l'homme (Adam et Eve) , l'homme à cause de la désobéissance à l'unique commandement de Dieu, l'homme chuta et entraina toute l'humanité et tout l'univers dans la condamnation et la malédiction. La nature humaine fut corrompue à cause du pèche originaire d'Adam et Eve. **Genèse 3**.

A cause de cette nature adamique (la racine du péché) l'homme devint pécheur par nature et par choix, ceci explique l'inclination et les penchants de la nature humaine vers le péché.

Le Libre-Arbitre

« *J'en prends aujourd'hui à témoin contre vous le ciel et la erre : j'ai mis devant toi la vie et la mor, la bénédiction et la malédiction. Choisis la vie, afin que tu vives, toi et ta postérité.* **Deutéronome 30 :19** »

La vérité biblique sur le libre-arbitre réfute parfaitement les faux enseignements de la prédestination et de la sécurité éternelle, Dieu sauve ceux qui croient librement en son fils, Christ-Jésus et acceptent volontairement sa grâce, aucun être humain n'est prédestiné à la prédiction comme certains le pensent. **Exode 32 :26** ; **24 :15** ; **Jean 3 :16** ; **I Timothée 2 :3-4** ; **Romains 5 :18** ; **10 :19** ; **Actes 2 :21** ; **Tite 2 :11** ; **2 Pierre 3 :9**. Puis une fois sauvé, on demeure volontairement sous la grâce de Dieu par la pleine soumission à sa volonté, une fois qu'on abandonne volontairement la voie de Dieu, on est de nouveau perdu. **Ezéchiel 18 :20-32** ; **33 :12-20** ; **Hébreux 10 :26**. Saul, et Judas Iscariote en sont des exemples. Toute personne sauvée doit se garder lui-même pour ne plus tomber. **I Pierre 5 :18** ; **Galates 6 :1**.

La Chute de l'Homme

Au jardin d'Eden, Dieu plaça deux arbres au milieu : l'arbre de la vie et celui-ci de la mort (de la connaissance du bien et du mal), le commandement de Dieu à l'égard de l'homme, consistait à ne pas manger, ni toucher l'arbre de la mort.

Genèse 2 :9,16-17 ; par la machination du diable, l'homme pécha contre Dieu en mangeant de l'arbre de la mort. Il s'agissait d'un arbre botanique pas autre chose. **Genèse 3 :1-7**.

Le péché

« *Le péché est la transgression de la loi.* **I Jean 3 :4** ; *Toute iniquité est un péché.* **I Jean 5 :17**. *Tout ce qui n'est pas produit d'une conviction est un péché.* **Romains 14 :23**. *Car tous ont péché et sont privés de la gloire de Dieu.* **Romains 3 :23**. *Car le salaire du péché, c'est la mort.* **Romains 6 :23**. »

Le péché tels que défini ci-haut trouve son origine dans le ciel avec la rébellion de Lucifer contre Dieu. **Esaïe 14 :12-18** ; **Ezéchiel 26 :11-19**. Sur terre, le péché tire son nom au jardin d'Eden avec la chute de l'homme à la tentation du Diable **Genèse 3 :1-19** ; **II Timothée 2 :14**. Les facteurs du péché sont multiples, parmi lesquels, nous citons :

- La nature adamique : **Genèse 6 :3-5**. **Romains 5 :12**, **15,18** et **19** ; **Job 14 :14** ; **Romains 6 :6** ; **Matthieu 15 :19** ; **Ephésiens 4 :22** ;
- La tentation du diable : **Genèse 3 :1-5** ; **Matthieu 4 :1-11** ; **II Chroniques 21 :1**.

Les causes du péché parmi lesquelles nous citons :

- La colère : **Jacques 1 :20** ; **Psaumes 37 :8** ; **Proverbes 14 :17** ; **Ephésiens 4 :26-27** ;
- La misère : **Proverbes 5 :30-31** ; **30 :8-9**
- L'excès de parole **Proverbes 10 :19** ; **Jacques 3 :1-12** ; **Ecclésiastes 5 :1-2**.

Parmi les différents types de péché, nous citons :

- Le péché contre Dieu, une offense qui lèse directement Dieu, pas autre personne : **Jérémie 2 :11-13** ; **Malachie 3 :8-9** ; **Exode 20 :1-11** ;
- Le péché contre son prochain, une offense contre un homme ou une femme qui est son semblable : **Matthieu 18 :15-17** ; **Exode 20 :12-17** ; **Luc 3 :12-14** ; **19 :8** ; **Lévitique 19 :11-18** ;
- Le péché contre son propre corps : **I Corinthiens 6 :15-19** ; **Matthieu 27 :5** ; **I Samuel 31 :4** ; **IISamuel17 :23** ; **Lévitique 19 :27-28** ; **21 :5** :
- Le péché contre le Saint-Esprit, une offense blasphématoire ou criminelle contre la personne et ou les œuvres du Saint-Esprit **Matthieu 12 :31-32** ; **I Samuel 16 :1** ; **I Jean 5 :16** ;

Parmi les méfaits du péché nous énumérons : la séparation avec Dieu, la condamnation, la malédiction et la mort éternelle ; car Dieu déteste, interdit et punit tout péché **Jean 5 :14** ; **8 :11** ; **Nombres 32 :33** ; **Jérémie 2 :22** ; **9 :31 ; 15 :1** ; **17 :1** ; **Esaïe 59 :1-2** ; **Romains 3 :23** ; **6 :23** ; **Ezéchiel 18 :4**.

Le remède contre le péché n'est rien d'autre que le sang de Jésus appliqué au cœur de l'homme, ceci est conditionnée par la repentance, l'abandon et la confession des péchés : **Luc 24 :47** ; **Marc 1 :15** ; **Actes 3 :19** ; **16 :31** ; **20 :20-21** ;**Esaïe 55 :6-7** ; **Matthieu 26 :28** ;**Luc 7 :47-50** ;**Marc 2 :8-12** ;**Jean 1 :29** ;**Matthieu 1 :21**.

Les bonnes œuvres et pratiques religieuses n'effaceront aucun péché aux yeux de Dieu **Jérémie 2 :22** ; **Esaïe 1 :10-15** ; **Luc 18 :9-14**.

CHAPITRE 10 :
LE PLAN DU SALUT : L'EXPIATION, LA REDEMPTION ET LA SUBTITUTION

Christ –Jésus est le parfait substitut de l'homme pécheur dans le plan du salut conçu par Dieu avant même la fondation du monde, l'œuvre accomplie sur la croix inclut l'expiation de tous les péchés de l'humanité et la rédemption complète de l'homme.

Le sang versé de Jésus-Christ constitue l'œuvre expiatoire, il nous a procuré le salut complet et collectif, il convient que chacun accepte volontiers cette grâce par la foi en Christ- Jésus pour son salut individuel, ce salut complet et individuel, débute à la justification (la nouvelle naissance) et s'achèvera à la glorification (la résurrection).

« *Mais, il était blessé pour nos péchés, brisé pour nos iniquités, le châtiment qui nous donne la paix est tombé sur lui. Et c'est par ses meurtrissures que nous sommes guéris.* **Esaïe 53 :5**. *Car ceci est mon sang, le sang de l'alliance, qui est répandu pour plusieurs, pour la rémission des péchés.* **Matthieu 26 :28**. *Voici l'agneau de Dieu, qui ôte le péché du monde.* **Jean 1 :29** » lisez aussi **Esaïe 53 :1-12** ; **Genèse 3 :15** ; **Colossiens 1 :13-1** ; **I Pierre 1 :18-28** ; **I Corinthiens 1 :30** ; **Romains 3 :24-26** ; **Matthieu 1 :21** ; **27 :35-54** ; **I Corinthiens 5 :7** ; **Jean 10 :11** ; **15 :13** ; **I Jean 3 :16**. Le salut de l'âme s'obtient par la grâce de Dieu et la foi de l'homme **Colossiens 2 :8**, Dieu a conçu et exécuté le plan du salut en Christ crucifié.

CHAPITRE 11 :
LES EXIGENCES POUR SALUT

« La Repentance, La Conversion Et La Restitution »

L'œuvre expiatoire du Christ sur la croix offre à tous un salut global, complet, collectif et définitif, Il appartient à chacun de s'approprier ce salut de manière individuelle, personnelle, particulière et conservatoire. Le Salut de l'âme s'obtient par la grâce de Dieu et au moyen de la foi de l'homme en le fils de Dieu, qui s'était offert gracieusement comme un substitut à notre place. Cependant, ce grand salut a ses exigences, ces exigences constituent les indispensables conditions sans lesquelles l'accès au salut ou au pardon des péchés sera impossible, ces grandes exigences pour l'obtention du salut sont « la repentance, la conversion et la restitution ».

LA REPENTANCE

La repentance implique un vif regret pour avoir péché contre Dieu ainsi que le désir décisif, sincère et manifeste associé à la volonté ferme et délibérée d'abandonner définitivement la vie pécheresse. Cfr **Psaumes 34 :19** ; **38 :19** ; **Esaïe 55 :6-7** ; **Luc 18 :13** ; **Psaumes 32 :5** ; **II Samuel 12 :7-13** ; **Matthieu 27 :75** ; **Ezéchiel 18 :21-23**.

La doctrine de la repentance avait été le socle du message de Jean-Baptiste Matthieu 3 :1-8 ; Luc 3 :1-14, c'était aussi le socle du message de Jésus-Christ **Matthieu 4 :17** ; **Marc 1 :14-15**, de même aussi que les apôtres de leur part en avaient fait leur principal message **Actes 2 :38** ; **20 :22-21**.

La vraie repentance envers Dieu ne peut avoir du sens que si elle est associée et/ou suivie de la foi en la bonne nouvelle de Jésus-Christ. « *Repentez-vous et croyez à la bonne nouvelle.* **Marc 1 :15**. *Vous savez que je n'ai rien caché de ce qui vous était utile, et que je n'ai pas craint de vous prêcher et de vous enseigner publique ment et dans les maisons, annonçant aux Juifs et aux Grecs la repentance envers Dieu et la foi en notre Seigneur Jésus-Christ.* **Actes 20 :20-21**.» Même Jean en prêchant la repentance, il ne faisait qu'orienter ses auditeurs vers Jésus-Christ. **Matthieu 3 :1-11** ; **Luc 3 :1-18** ; **Jean 1 :19-39**.

LA CONVERSION

« *Repentez-vous donc et convertissez-vous, pour que vos péchés soient effacés.* **Actes 3 :19** »

L'autre facette de la médaille de la repentance est la « ***CONVERSION*** ». Elle est une conséquence directe, correcte, automatique, indispensable et inséparable de la repentance. La conversion consiste au changement radical de la vie, de marche, de conduite, de comportement, des attitudes et des habitudes en conformité à la volonté parfaite et souveraine de Dieu. **III Jean 11** ; **Romains 12 :17** ; **6 :1-4** ; **Ephésiens 4 :17-32**.

« *Si quelqu'un est en Christ, il est devenu une nouvelle créature, les choses anciennes sont passées ; voici toutes choses sont devenues nouvelles.* **II Corinthiens 5 :17**. *L'avez-vous, purifiez-vous ; ôtez de devant mes yeux la méchanceté de vos actions ; cessez de faire le mal. Apprenez à faire le bien, recherchez la justice, protégez l'opprimé ; faites droit à l'orphelin, défendez la veuve.* **Esaïe 1 :16-17**. » la vie pècheresse est pratiquement et absolument incompatible avec la (conversion) doctrine de la conversion **Jean 5 :14** ; **8 :11** ; **I Jean 3 :8-10** ; **Romains 6 :12-14** ; **Ephésiens 4 :17-22** ; **Colossiens 3 :5-9** ; **Galates 5 :16,19-21** ; **I Corinthiens 6 :9-10** ; **5 :9-11** ; **Romains 1 :18,21-32**. Tout converti se rend compte d'être coupable de tel ou tel péché, n'a d'autres choix que celui de confesser et d'abandonner le dit péché. **Jacques 5:15-16** ; **I Jean1 :7-10** ; **2 :1-2** ; **Proverbes 28 :13** ; **II Chroniques 7 :14** ; **Matthieu26 :69-75** ; **II Samuel 12 :13** ; **Psaumes 32 :1-5**.

LA RESTITUTION

Le pardon des péchés que Dieu accorde par la purification de l'âme par le sang de Jésus après la repentance, n'effacera jamais les factures non payées, les dettes non payées, les objets volés et non restitués, les tromperies non avouées ni les relations brisées non restaurées, la restitution, laquelle est motivée par la vraie repentance et la conversion. La véritable restitution , consiste à remettre à son vrai propriétaire les objets qu'on détient frauduleusement ou illicitement, à la confession des offenses commises contre ses semblables, à pardonner ceux qui vous ont offenser et à demander pardon à ceux à qui on a offensé, à rétablir les relations brisées, à faire la réconciliation avec ceux et celles à qui on est en inimitié. La restitution, c'est la réparation de ses torts et dommages envers autrui, la restitution inclut la réconciliation, le pardon, la confession envers autrui. Si le salut de l'âme nous justifie devant Dieu, la restitution nous justifie devant l'homme, la restitution est le salut de la conscience, elle nous rend notre témoignage crédible devant le monde, l'intérêt et l'utilité de la restitution est la paix du cœur et la tranquillité de la conscience. **Hébreux 12 :14** ; **Romains 12 :18**.

« *C'est pourquoi je m'efforce d'avoir constamment une conscience sans reproche devant Dieu et devant les hommes.* » **Actes 24 :16**.

La loi de Moïse enseigne la restitution : **Lévitique 5 :21-26** ; **Nombres5 :6-10** ;
Les prophètes et les sages l'avaient acensées : **Proverbes 6 :30-31** ; **Ezezchiel33 :14-16** ;
Les patriarches l'avaient pratiquée : **Genèse 32 :1-6** et **33 :1-20** ;
Les évangiles la soutiennent : **Luc 19 :8-9** et **Matthieu 5 :23-24**.

CHAPITRE 12 :
LE SALUT DE L'AME

« ***La justification, la régénération l'adoption*** »

« *Car c'est par la grâce que vous êtes saucés, par le moyen de la foi. Et cela ne vient pas de vous, c'est le don de Dieu*. **Ephésiens 2 :8**. *Comment échapperons-nous en négligeant un si grand salut, qui annoncé d'abord par le Seigneur nous a été conformé par ceux qui l'ont entendu*. **Hébreux 2 :3** »

Le salut de l'âme, la justification, la régénération, la nouvelle naissance, pardon des péchés, la rémission des péchés, tous ces concepts désignent la seule et même chose, **'' *la rémission des transgressions commises''*,** quand Dieu pardonne au pécheur, il y en a quatre opérations ont lieu simultanément et instantanément. Premièrement, son âme est sauvé de la mort spirituelle, deuxièmement, il est justifié et Dieu le regarde comme innocent et l'impute la justice de son fils (Jésus), troisièmement, il est régénéré ou né de nouveau, il devient participant à la nature divine, la semence de Dieu est implanté en lui, quatrièmement, il est adopté dans la famille spirituelle de Dieu, Dieu le considère comme son enfant et frère de son fils unique engendré, Jésus-Christ.

La Grâce et la Foi

La part de Dieu dans l'obtention du salut, c'est la grâce de Dieu **Ephésiens 2 :8** ; **Tite 2** ; **Actes 15 :11** ; **Romains 3 :24** ; **5 :15** et la part de l'homme dans le plan du salut, c'est la foi qu'il associe à la grâce de Dieu **Actes 10 :48** ; **13 :39** ; **Romains 5 :1** ; **Galates 3 :24**. Les bonnes œuvres et les pratiques religieuses tels que la charité, l'ablution, le baptême d'eau, les séances de l'affermissement, de la cure d'âme, l payement des dimes, des offrandes des aumônes et autres bonnes œuvres sont importantes et bénéfiques ; mais ne peuvent jamais expier les péchés commis, seules la grâce de Dieu associée à la foi de l'homme effacent complètement les péchés et procurent le salut de l'âme. **Matthieu 7 :22-23** ; **Romains 3 :20** ; **Galates 2 :16** ; **Ephésiens 2 :7-10** ; **Tite 3 :5** ; **Jérémie 2 :22**.

LES ETAPES DU SALUT

Que faire pour être sauvé ?

Pour être pardonné de ses péchés pour le salut de son âme, le pécheur a quatre choses à faire puis Dieu fera la cinquième.

Premièrement, il doit avouer ses péchés, l'aveu est la première étape pour le salut de l'âme **Proverbes 28 :13** ; **Jérémie 3 :13** ; **Luc 5 :8** ; **Matthieu 8 :8** ; **I Jean 1 :8** et **10** ; **Luc 18 :13 ; II Samuel 12 :15**.

Deuxièmement pour être pardonner, le pécheur doit confesser tous ses péchés à Dieu **Esdras 10 :11** ; **I Jean 1 :9** ; **Nombres 21 :7** ; **Juges 10 :10** ; **I Samuel 7 :6** ; **Esdras 9 :6-7** ; **Néhémie 1 :6-7** ; **Jérémie 14 :7** ; **Daniel 9 :3-11** ; **Esaïe 59 :12-13**.

Troisièmement pour obtenir le pardon de la part de Dieu, le pécheur doit absolument décider d'abandonner définitivement ses péchés et en faire une fidèle et sincère promesse à Dieu. **Esaïe 55 :6-7** ; **II Chroniques 7 :14** ; **Ezéchiel 18 :21** ; **Jonas 3 :6-9** ; **Luc 19 :8-10** ; **Actes 3 :19**.
Quatrièmement, le pécheur doit croire en le sang versé de Christ pour le salut (le pardon de ses péchés) **Marc 2 :5** ; **Luc 7 :37-50** ; **Actes 16 :30-31** ; **8 :35-39** ; **Jean 1 :12** ; **3 :16-18** ; **I Jean 5 :1**.

Cinquièmement, Dieu témoigne en l'esprit de l'homme qu'il est sauvé, qu'il est né de nouveau, qu'il est pardonné, qu'il est justifié, ce témoignage de l'Esprit consiste à l'absence de toute culpabilité, de l'abondance de paix, de joie et de l'amour de Dieu dans le cœur. **Romains 8 :1** et **16** ; **Hébreux 11 :2** et **5** ; **I Jean 5 :9-10**. Le salut est un don gratuit de Dieu pour tous ceux qui croient en son fils, Jésus-Christ, c'est la première œuvre de grâce, la première expérience chrétienne, la première application du sang de Jésus dans le cœur après la repentance.

CHAPITRE 13 :
L'ENTIERE SANCTIFICATION

L'entière sanctification est une expérience spirituelle distincte de la justification (salut), c'est la seconde œuvre de grâce après le salut, la justification (salut) rend juste ; tandis que la sanctification rend entièrement saint. Le salut apporte l'expiation, l'effacement, la purification de tous les péchés commis par l'homme volontairement ou involontairement ; alors que la sanctification expie le péché inné hérité d'Adam et Eve, ceci nécessite une consécration plus profonde après la justification (salut), cependant, nous devons faire une distinction entre l'entière sanctification et la vie de sanctification ou la sainteté dans la vie pratique, car la première est une cause, la seconde est une conséquence.

Les disciples de Christ furent premièrement sauvés (Justifiés) **Luc 10 :20** ; **Jean 15 :3** en suite sanctifié **Jean 17 :17**. Les deux expériences successives de Jacob, attestent la différence nette entre le salut et la sanctification, à Bethel c'était le Salut, **Genèse 28 :10-22** et à Péniel c'était la sanctification **Genèse 32 :24-32**, son exclamation en **Genèse 32 :30**, ne réfute en rien, l'assertion selon laquelle, qu'en Péniel il s'agissait de la sanctification et non de l'expérience du salut.

Les deux différentes expériences du peuple d'Israël, d'abord à la pâque, image du salut cfr **Exode 12**, au mont Sinaï. Image de la sanctification **Exode 19**. Les deux différents sacrifices offerts séparément à l'autel d'airain, image du salut et à l'autel d'or, image de la sanctification.

Pour toute une âme véritablement sauvée, la sanctification est aussi bien un besoin spirituel qu'une grande nécessité, car :

- Dieu l'exige **Hébreux 12 :14** ; **Matthieu 5 :8** ;
- Elle apporte la communion et l'unité aussi bien avec Dieu qu'avec les frères **Jean 17 :17** et **19-23** ; **Hébreux 2 :11** ;
- Elle détruit complètement la nature pècheresse (le Veil homme) **Romains 6 :6**.

CHAPITRE 14 :
LE BAPTEME DU SAINT-ESPRIT ET DU FEU

« *Mais vous recevrez une puissance, le Saint-Esprit survenant sur vous. Actes 1 :8. …restez dans la ville jusqu'à ce que vous soyez revêtus de la puissance d'en haut ?* **Luc 24 :49**. »

Le Baptême du Saint-Esprit et du feu est une puissance d'en haut, un pouvoir divin, un don de Dieu pour une âme véritablement sauvé et un cœur totalement sanctifié. Le Baptême du Saint-Esprit est une expérience distincte de la justification(Salut) et de la sanctification, si la justification nous rend juste, et la sanctification nous rend saint, le baptême du Saint-Esprit nous rend puissant. C'est une promesse du Seigneur pour les croyants **Joël 2 :28-29** ; **Matthieu 3 :11** ; **Luc 3 :16** ; **Jean 14 :17** et **26** ; **Actes 2 :39**.

La différence entre le salut, la sanctification et le baptême du Saint-Esprit.

La différence entre ces trois expériences(le salut, sanctification et le baptême du Saint-Esprit) est distinctement établie par le prophète EZECHIEL cfr **Ezéchiel 36 :25-27** et l'apôtre Jean cfr **Apocalypse 3 :18**. Aussi les trois expériences sont séparément symbolisées dans les trois parties du tabernacle à savoir l'autel d'Airain situé au parvis, où fut offert le sacrifice de culpabilité, implique le salut ; l'autel d'or, situé au lieu saint, où fut offert le sacrifice d'expiation, implique la sanctification, tandis que ; le Shekinah situé au très saint lieu saint symbolise le baptême du Saint Esprit.

Les Bienfaits du Baptême du Saint-Esprit

Parmi les avantages que procure l'expérience du baptême du Saint-Esprit, nous citons :

- La puissance pour le service **Luc 24 :49** ; **Actes 1 :8** ; **2 :43** ; **4 :7-10** ; **6 :8** ;
- La révélation des enseignements **Luc 12 :12** ; **Jean 14 :26** ; **I Corinthiens 2 :13** ; **II Jean 2 :27**.

Que faire pour recevoir le Baptême du Saint-Esprit ?

Pour recevoir le baptême du Saint-Esprit, il faut d'abord s'assurer qu'on est sauvé et sanctifié **I Jean 2 :17** ; **Matthieu 6 :33** ; **Hébreux 12 :14**, en suite faire une consécration plus profonde en vue de l'obtention de cette merveilleuse expérience. **Matthieu 7 :7-11** ; **Luc 11 :9-13**. Il faut aussi noter que les disciples du Christ furent d'abord sauvés **Luc 10 :20** ; ensuite sanctifiés **Jean 17 :17** ; en fin baptisés du Saint-Esprit et du feu **Actes 2 :1-12**.

Figures et Evidences du Saint-Esprit

A l'effusion du Saint-Esprit le jour de la pentecôte, les évidences étaient le vent et bruit, des langues de feu, ainsi que le parler en langue. Tandis qu'après les autres effusions qui eurent lieu après celle de la pentecôte n'avaient pour évidence que le parler en langue **Actes 2 :1-12** ; **8 :14-17** ; **10 :44-46** ; **19 :6-7**. Le parler en langue, dont il est question lors du baptême du Saint-Esprit de même que celui inscrit parmi les dons spirituels n'a rien avoir avec les langues du ciel ou langue angélique, il s'agit des vraies langues humaines inconnues de la personne qui en fait usage sous l'impulsion du Saint-Esprit **Actes 2 :4-12** ; **I Corinthiens 14 :10**. Les prétendus parlers en langue du ciel ou des anges couramment en usage dans les églises nominales constituent une farce et un affront dangereux à la vraie adoration. **Matthieu 6 :7-8** ; **Jean 4 :24** ; **I Corinthiens 14 :10**. L'expérience du Saint-Esprit est une promesse pour tous les chrétiens de tous les âges.

CHAPITRE 15 :
LE ROYAUME DE DIEU ET DE LA VIE ETERNELLE

Le salut complet et total dit le grand salut, commence à la justification (le salut de l'âme) et s'achève à la glorification (la résurrection), toute fois, Christ-Jésus règne en roi dans le cœur de tout enfant de Dieu. Toute personne sauvée est un membre à part entière du royaume de Dieu au cœur du croyant cfr **Matthieu 6 :10** et **33**, ce royaume spirituel consiste à une vie bénie et heureuse, pleine des grâces, des faveurs divines, des merveilles sans nombre, c'est une réalité spirituelle donnant aux Saints une espérance dans un royaume futur et éternel. La vie éternelle, réalité spirituelle indissociable au royaume de Dieu (des cieux) est un état d'âme d'une personne sauvée, ayant Christ dans son cœur et dans sa vie cfr **Jean 11 :25-26**.

La nouvelle naissance(Salut) **Jean 3 :3** ; la pureté du cœur(Sanctification) **Mathieu 5 :8**, le baptême du Saint-Esprit **Romains 14 :17** et la consécration (Sacrifice et don de soi) **Matthieu 16 :21** ; **Luc 9 :59-62** constituent conditions d'accès au royaume de Dieu, de même que la vie éternelle. L'autre facette de la médaille qu'est le royaume de Dieu s'obtient par le Salut en Christ **Jean 3 :14-17** et **36** ; **17 :2-3** ; **11 :23-26** ; **Romains 5 :21**. La vie éternelle consiste d'abord à la vie abondante en Christ dans le temps puis en la félicité dans l'éternité. **Psaumes 1 :3**; **92 :15** ; **Jérémie 17 :8** ; **Esaïe 58 : 16b** ; **Luc 18 :28-30** ; **Marc 10 :28-30** ; **Matthieu 6 :28-34**. Le millenium est le prélude au royaume de Dieu **Apocalypse 20 :1-4**, cependant la récompenses finale des Justes est certaine **Jean 4 :14**, **35-36** ; **6 :40** ; **14 :16**.

Il appartient aux Croyants de croire et s'attacher à Jésus, et à mener une vie juste sur terre pour pouvoir mériter

Le Royaume de Dieu et la vie éternelle. **Jean 5 :24** ; **14 :1-6** ; **10 :7-9,11,14-18** ;**15 :1-11** ;**Matthieu 7 :24-25** ;**25 :31-40** ;**Luc 10 :25-37** ;**Marc 10 :17-21**.

CHAPITRE 16 : LA SAINTETE DANS CETTE PRESENTE VIE

« *Vous serez saints, car je suis saint* **I Pierre 1 :16**. *Puis que celui qui vous a appelé est saint, vous aussi, soyez saints dans toute votre conduite*. **I Pierre 1 :15**. *Ce que Dieu veut, c'est votre sanctification*. **I Corinthiens 4 :3**. *Purifions-nous de toue souillure de la chaire et de l'esprit, en achevant notre sanctification dans la crainte de Dieu*. **II Corinthiens 7 :1** »

La vie de sanctification consiste à une vie de victoire sur le péché, sans reproche, irrépréhensible, de crainte de Dieu, séparée de toute sorte de mal. La sainteté dans la vie est aussi bien possible qu'obligatoire pour les enfants de Dieu. La nature divine même consiste à la sainteté **Esaïe 6 :3** ; **Apocalypse 4 :8** ; **Lévitique 19 :2** ; **Exode 28 :36**, Dieu étant la source, notre appartenance en Christ et l'obtention de l'expérience de l'entière sanctification conditionnent notre vie de sainteté dans la vie présente. Cfr **Jean 17 :17** ; **Hébreux 12 :14** ; **II Corinthiens 5 :17**. Une vie de sainteté implique absolument :

- A s'abstenir de tout espèce de mal, **I Thessaloniciens 5 :22** ; **Ephésiens 4 :17-32** ; **Colossiens 3 :1-15** ; **Tite 2 :11-14** ;
- A se purifier continuellement. **II Corinthiens 7 :1** ; **Jacques 1 :27b** ; **I Timothée 3 :3** ;
- A manifester le fruit de l'esprit et à activer d'autres vertus chrétiennes. **Romains 6 :22** ; **Galates 5 :22-23** ; **I Timothée 6 :14** ; **II Timothée 2 :22** ; **II Pierre 1 :5-11**.

CHAPITRE 17 : LE MONDE, LA MONDANITE, ET LA VANITE DE POURSUITE MONDANE

LE MONDE

Toute personne, tout système, tout style, toute mode, toute pensée, toute théorie, toute coutume ou tradition, toute idée, toute action, tout courant de pensée, toute tendance, tout mouvement ou toute association qui s'oppose à la volonté de Dieu, à la parole de Dieu, et au commandement de Dieu constitue ce que la Bible appelle « ***LE MONDE*** ». Le monde étant manipulé par le démon se sert de ses trois locomotives à savoir la convoitise de la chaire, la convoitise des yeux et l'orgueil de la vie **I Jean 2 :16**, c'est par ces trois armes combien dangereuses et terribles que le serpent ancien fit tomber nos premiers parents cfr **Genèse 3 :1-7**, c'est par les mêmes instruments maléfiques qu'il tenta en vain le Seigneur Jésus cfr **Matthieu 4 :1-11**.

LA MONDANITE

« Adultères que vous êtes : ne savez-vous pas l'amour du monde donc est inimitié contre Dieu ? Celui qui veut être ami du monde se rend ennemi de Dieu. **Jacques 4 :4**. N'aimez point le monde, ni les choses qui sont dans le monde. Si quelqu'un aime le monde l'amour du Père n'est point en lui. **I Jean 2 :15**. Ne vous conformez pas au siècle présent, mais soyez transformer par le renouvellement de l'intelligence ; afin que vous discerniez quelle est la volonté de Dieu, ce qui est bon, agréable et parfait. **Romains 12 :2**.

La mondanité consiste à s'accorder ou à se conformer au monde par la convoitise de la chair, cette dernière but entraine un grand nombre des péchés tels que, la fornication **Hébreux 13 :4** ; **I Corinthiens 3 :16**, la gloutonnerie **I Rois 13 :11-22** ; **Proverbes 25 :16**, l'alcoolisme et le tabagisme **Esaïe 5 :11** et **22** ; **Proverbes 23 :29-35** ; **Actes 11/8** ; les abus dans le vêtir, la parure et la coiffure **Esaïe 3 :16-24** ; **I Pierre 3 :1-3** ; les tatouages et piercings **Lévitique 19 :28** ; **21 :5**. La mondanité peut aussi s'exprimer par la convoitise des yeux avec son cortège des péchés, tels que la pornographie, l'envie, la convoitise, la jalousie et tant d'autres **Psaumes 101 :3** ; **Ecclésiaste 6 :9** ; **Ézéchiel 20 :7** ; **II Samuel 11 :2-4** ; **Josué 7 :20-21** ; **I Rois 21** ; **Proverbes 23 :31** ; **Genèse 36** ; **Luc 4 :5-6**.

La mondanité s'exprime aussi par l'orgueil de la vie, lequel fait naitre aux hommes les péchés tels que, l'amour de l'argent ou des richesses **Hébreux 13 :5** ; **I Timothée 6 :10** ; **Marc 4 :19** et **23** ; **Psaumes 62 :11** ; **Deutéronome 8 :13**, les soucis d'être toujours à la mode **Philippiens 2 :3** ; **Galates 6 :3-4**, l'arrogance, le fanfaronnade, l'exaltation de soi ainsi l'amour de la gloire des hommes **Matthieu 23 :6-7** et **27** ; **III Jean 9-10** ;**Proverbes 25 :6-7** ; **Marc 10 :37-45** ; **Abdias 4**.

Vanité des Vanités

Vanité des vanités, tout est vanité, tel fut la conclusion de l'un des grands, des plus sages, des plus savant, des plus riches, des plus puissants qui aient existé sur terre.

La mondanité, telle que définie comme l'amour du monde est une inimitié contre Dieu, une vanité et poursuite du vent cfr **Ecclésiaste 1 :12-14** ; **2 :4-11** ; **Rois 10 :23**.

La meilleure façon de jouir de bonheur sous le soleil, consiste à obéir aux prescriptions de Dieu sur la vie. **Ecclésiaste 3 :1-4** ; **7 :14** ; **12 :15-16** ; **Hébreux 13 :5** ; **I Timothée 6 :6-10** ; **Romains 12 :15**.

CHAPITRE 18 :
LES AFFLICTIONS DU CHRETIEN

« Les épreuves, les tentations et le châtiment »

Les souffrances, afflictions, tribulation, persécutions, oppositions sont inséparables et indispensables à la vie chrétienne est que les enfants de Dieu sont appelés à surmonter proviennent de trois sources qui sont : les épreuves, les tentations et le châtiment de Dieu.

Les Epreuves

Tout ce que nous apprenons des prédications, enseignements, sermons, études bibliques, témoignages, prophéties, chants, visions de la part de Dieu ne sont que des théories, des notions et leçons que le Saint-Esprit nous donne pour croitre et grandir dans la foi ; nous avons besoin, telle que dans une école formelle des exercices d'applications, des devoirs à domicile, des interrogations, testes de niveau, travaux pratiques et examens qui sont « *les Epreuves* ». Les raisons pour lesquelles Dieu soumet ses enfants aux épreuves sont les suivantes :

- Examiner leur foi et tester leur obéissance ;
- Les purifier et leur rendre parfaits ;
- Pourvoir à leur croissance spirituelle et les amener à la maturité ;
- Accomplir ses divines promesses dans leurs vies ;
- Leurs rendre plus aptes et plus disponible d'obtenir des bénédictions les plus abondantes ;
- Faire connaitre les dispositions de leurs cœurs et les rendre perfectibles.

En tout cas, les épreuves constituent un passage obligé pour les enfants de Dieu **Genèse 22 :1-2** ; **Deutéronome 8 :2-4** ; **Jacques 1 :1-4** ; **Malachie 3/3** ; **Zacharie 13 :9** ; **I Corinthiens 3 :13** ; **Job 42 :10** ; **Jean 6 :5-6**.

Que faire pour sortir lauréat à l'école de Dieu, en surmontant les épreuves ? La Bible nous répond par ces portions des écritures **Jacques 1 :2-3** et **12** ; **5 :11** ; **Job 1 :20-22** ; **2 :9-10** ; **22 :21-22** ; **19** ; **25** ; **I Samuel 30 :6** ; **I chroniques 16 :11**, nous y décelons les principes suivant :

- Développer une attitude de courage et de patience ;
- Espérer et continuer à espérer en Dieu pour la victoire ;
- Confesser toujours haut et fort en la victoire ;
- Se confier fermement sur ses promesses ;
- Rester ferme dans l'intégrité et être innocent ;
- Etre résolu à ne jamais pécher ;

- Prier constamment et intensément.

Les Tentations

Si Dieu par les épreuves nous soumet au teste de foi, le Diable par contre nous tend des pièges par ses tentations. **Matthieu 4 :1-11** ; **Genèse 3 :1-6** et**16-19** ; **I Chroniques 21 :1**, Satan le diable, l'ennemi de nos âmes nous soumet aux tentations pour des raisons suivantes :

- Nous éloigner de Dieu et nous privé de sa présence ;
- Nous amener à pécher et à s'attirer la colère de Dieu et la malédiction ;
- Nous affaiblir dans la foi ;
- Nous empêcher d'avoir accès aux promesses et bénédictions de Dieu ;
- Faire perdre nos âmes.

Le Châtiment

Le bon Dieu punit aussi bien ses enfants que les rebelles. Bien qu'il soit un Dieu d'amour, bon et compatissant, sa justice l'oblige à châtier ses enfants si ceux-ci trébuchent, les raisons du châtiment de Dieu en notre égard sont les suivantes :

- Pour manifester son amour en notre égard ;
- Pour nous corriger ;
- Pour préparer pour d'autres taches, missions ou bénédictions plus grandes.

Si nous prêchons les épreuves et les tentations, nous devons nous aussi marteler sur le châtiment de Dieu à ses enfants. **Deutéronome 8 :5** ; **Job 3 :19** ; **Proverbes 3 :11-12** ; **Psaumes 94 :12** ; **Apocalypse 3 :19**. Dieu par sa justice, il punit aussi sévèrement les pécheurs et les justes qui trébuchent. **Nombres 32 :23** ; **Exode 20 :5** ; **34 :6-7** ; **Néhémie 1 :1-14** ; **3 :1-15** ; **Ezéchiel 14 :1-21 ; psaumes 118 :18 ; hébreux 12 :6 -10**.

Promesses de victoire

« *Aucune tentation ne vous est survenue qui n'ait été humaine, et Dieu qui est fidèle, ne permettra pas que vous soyez tentés au-delà de vos forces ; mais avec la tentation il préparera aussi le moyen d'en sortir, afin que vous puissiez la surmonter*. **I Corinthiens 10 :13**. » Lisez aussi **II Corinthiens 4 :15-18**. Pour surmonter la tentation, les divins principes décelé dans ces portions de l'écriture **Daniel 1 :8** ; **Luc 21 :34** et **36** ; **Matthieu 26 :41** ; **I Corinthiens 10 :12** ; **16 :13** ; **Colossiens 4 :2** ; **I Pierre 5 :8** ; **Matthieu 4 :1-11** sont les suivants :

- Ne jamais s'exposer à la tentation en s'éloignant de tout ce qui peut l'occasionner ;

- Etre résolu à ne jamais pécher contre Dieu ;
- Veiller et être toujours prudent et vigilant ;
- Prier continuellement et constamment ;
- Rester ferme et inébranlable dans la foi ;
- Bien assimiler l'enseignement de la parole de Dieu et savoir le manier ;
- Ne jamais parlementer avec le Diable et le chasser dans notre champ ;

La repentance, l'obéissance ainsi que la restitution sont des moyens efficaces pour s'échapper au châtiment de Dieu. **Luc 13 :3** et **5** ; **Ezéchiel 18 :21-22** et **27-28** ; **33 :14-16** ; **II Samuel 12 :13** ; **I Rois 21 :17-29** ; **Jonas 3 :1-10**.

CHAPITRE 19 :
LES AVANTAGES DU SALUT

« La Guérison Divine, la Protection Divine, la Provision Divine et la Direction Divine »

Au salut que Dieu offre par Christ découle beaucoup de multiples et divers avantages, notamment sur les plans spirituels, physiques, matériels, financiers et autres. Ceci implique la santé, la sécurité, l'abondance ainsi que la guidance du Saint-Esprit sont inclut dans le lot des faveurs divines promises aux enfants de Dieu.

La Guérison Divine

« *Car je suis l'Eternel qui te guérit* **Exode 15 :26**. *Par ses meurtrissures nous sommes guéris* **Esaïe 53 :5**. *La prière de la foi sauvera le malade.* **Jacques 5 :15**. *Je ne te frapperai d'aucune des maladies.* **Exode 15 :26**. *Bien-aimé, je souhaite que tu prospères à tous égard et que tu sois en bonne santé.* **III Jean 2**. *Ce sera la santé pour les muscles, et un rafraichissement pour tes os.* **Proverbes 4 :8** »

L'œuvre expiatoire du Calvaire n'a non seulement pourvu à notre salut spirituel, mais aussi à notre santé physique et à la guérison de toutes nos maladies. Quand nous tombons malade, le mieux à faire nous est clairement proposé dans les écritures. **Jacques 5 :13-16**. Par la prière de la foi, le sang de Jésus ôtera toutes les maladies, toutes les infirmités, toutes les infections, microbes, épidémies, pandémies, ainsi que tous les virus du corps humain. **Matthieu 8 :14-17** ; **11 :4-5** ; **Esaïe 53 : 3-5**.

L'œuvre expiatoire du calvaire n'a non seulement pourvu à notre salut spirituel, mais aussi à notre santé physique et à la guérison de toutes nos maladies et de nos maladies. Quand nous tombons malade, le mieux à faire clairement propos é dans les écritures. **Jacques 5 :13-16**. Par la prière de la foi, le sang de Jésus ôtera toutes les maladies, toutes les infirmités, toutes les infections, microbes, épidémies, pandémies, ainsi que tous les virus du corps humain. **Matthieu 8 :14-17** ; **11 :4-5** ; **Esaïe 53 :3-5**.

La guérison divine étant une doctrine Biblique et une démonstration de la puissance de l'évangile de Jésus Christ cfr **Marc 16 :18** ; **Luc 9 :1** ; **Matthieu 10 :8** ; **Actes 4 :4-10** ; **19 :11-12**. Ceci ne nous enseigne pas à discréditer ou stigmatiser la médecine, les médecins ou les produits pharmaceutiques, par contre la parole de Dieu honore la médecine et mentionne l'usage des remèdes. **Matthieu 9 :12** ; **Esaïe 38 :21** ; **Luc 10 :34** ; **Genèse 50 :1-2** ; car nous ne pouvons pas faire dire la Bible c qu'elle n'a pas exactement dit cfr **Proverbes 30 :5-6** aussi nous comptons parmi les disciples du Seigneur les corps médicaux **Colossiens 4 :14**, l'emblème du serpent dans les différentes institutions sanitaires n'est rien d'autres qu'une inspiration biblique **Jean 3 :14** et **Nombres 21 :6-9**.

La Protection Divine

Dieu protège ses enfants contre tous les agents du Diable (sorciers, magiciens, marabouts, occultistes, assassins, voleurs, escrocs et démons). Il assure notre sécurité contre toutes les forces du mal susceptible à nous nuire maladies, poisons, microbes, accidents, incendies, guerres, catastrophes naturelles ou surnaturelles. cfr **Deutéronome 28 :7** ; **Romains 8 :31** ; **16 :20** ; **Esaïe 54 :17** ; **Psaumes 60 :14** ; **Josué 1 :5**, c'est pourquoi l'enfant de Dieu n'aura jamais peur des agents du Diable **Psaumes 118 :5-14** ; **Matthieu 10 :28** ; **Luc 10 :17-19** ; **Psaumes 27 :1-10**, en outre les probables évènements et situations de malheur n'effrayeront jamais quelqu'un qui a véritablement foi en Dieu. **Psaumes 23 :14**; **91 :1-14** ; **34 :8** et **20** ; **Proverbes 1 :33**, **3 :23-26**, c'est pratiquement raisonnable de croire que Dieu protège et sécurise ses enfants cfr **Proverbes 18 :10** ; **II Samuel 22 :1-8**, **30** et **32** ; **II Rois 6 :13-18**.

« L'enchantement ne peut rien contre Jacob, ni la divination contre Israël. **Nombres 23 :23**. *Si Dieu est pour nous qui sera contre nous ?* **Romains 8 :31** »

Le Pasteur Derick PRINCE soutient qu'au combat spirituel nous avons à notre disposition, trois principales armes spirituelles les plus efficaces à savoir : le nom de Jésus, le Sang de Jésus et la parole de Dieu, cette thèse a pour fondement scripturale. Luc 10 :17 ; **Ephesiens2 :10-11** ; **Apocalypse 12 :11** ; **Romains 10 :17**, ensuite le pasteur Derick PRINCE poursuit en disant qu'il y'a quatre moyens pour faire usage de ces trois armes, les quelles sont : la prière, la louange, la prédication et le témoignage, nous avons trouvé les écritures d'appui à cette énième assertion de Derick PRINCE cfr **Actes 4 :1633** ; **5 :25-33** ; **12 :1-12** ; **16 :22-27**. Cependant, l'innocence, la crainte de Dieu et la pureté constitue un grand arsenal contre toute attaque de la part de l'ennemie. **Proverbes 26 :2** ; **Nombres 23 :21-24** ; **II Samuel 22 :21-26**.

La Provision Divine

« *Et mon Dieu pourvoira à tous vos besoins* **Philippiens 4 :19** »

La parole de Dieu nous conseille de décharger sur Jésus(Dieu) de tous nos fardeaux ou soucis. **Matthieu 11 :28-30** ; **I Pierre 5 :7** ; **Philippiens 4 ; 6** et raison pour laquelle il n'Ya pas de peine de s'inquiéter pour les richesses ou les biens matériels. **Matthieu 6 :25-32** ; **Philippiens 4 :6** ; **Hébreux 13 :5** ; **I Timothée 6 :6-10**. Dieu se soucis grandement de notre bien-être matériel et financier, et il n'y a rien d'inconvénient de prière quant à ce. **Ecclésiaste 10 :19** ; **Matthieu 17 :24-27** ; **Marc 12 :41** ; **Malachie 3 :10**.

« *C'est la bénédiction de l'Eternel qui enrichit et il fait suivre d'aucun chagrin*. **Proverbes 10 ; 22**. *Je souhaite que tu prospère à tous égards* **III Jean 2** ». **Deutéronome 28 :1-14** renferme des merveilleuses promesses relatives aux bénédictions temporelles, aussi **Psaumes 23 :1-6** est plein des promesses relatives au bien-être intégral du chrétien, ensuite autres promesses dans **Agée 2 :8** ; **Habacuc 2 :4** ; **Jean 14 :12-14** ne font que confirmer la thèse selon laquelle *le salut de tout homme et de tout l'homme* constitue la plénitude de l'évangile. La sainte Bible donne des multiples et divers exemples de ceux et celles qui avaient bénéficiée de la provision divine. La lecture intégrale de ces portions des écritures, édifiera quiconque est dans le besoin. **Jean 2 :1-11** ; **21 :3-6,10** et **13** ; **Marc 6 :35-44** ; **8 :1-9** ; **I Rois 17 :1-16** ; **Genèse 3 :21** ; **21 :14-20** ; **Juges 15 :18-19** ; **Matthieu 17 :24-27**.

La Direction Divine

L'esprit de Dieu conduit les enfants de Dieu dans le droit chemin, la bonne route et la voie aplanie vers la perfection **Romains 8 :14** ; **Jean 16 :13**, Dieu conduit ses enfants de manière claire et sans confusion **Esaïe 30 :21** ; **Psaumes 84 :6** ; **Job 33 :14-19**, par voie de conséquence les croyants ont à leur entière disposition les mécanismes de guidance ci-après :

- La bible **Psaumes 119 :9-11,15, 24, 32-35,59-60,97-105** ;
- Le Saint Esprit **Romains 8 :14** ; **Jean 16 :13** ;
- Les dirigeants **Hébreux 13 :17** ; **II Chroniques 20 :20** ; **Amos 3 :7** ; **I Samuel 9 :6** ;
- L'Eglise **Matthieu 16 :18-19** ; **18 :17-20** ;
- Les autres enfants de Dieu **Romains 14 :1** ; **15 :1** ; **Galates 6 :1-2**.

CHAPITRE 20 :
LE MARIAGE SELON LE PLAN DE DIEU ET LE FOYER CHRETIEN

« *Que le mariage soit honoré de tous.* **Hébreux 13 :4**. *L'Eternel Dieu dit : il n'est pas bon que l'homme soit seul, je lui ferai une aide semblable à lui.* **Genèse 2 :18**. *C'est pourquoi l'homme quittera son père et sa mère, et s'attachera à sa femme et les deux deviendront une seule chair.* **Matthieu 19 :5**. *Que l'homme ne sépare pas ce Dieu a joint* **Marc 10 :9**. *Du reste que chacun de vous aime sa femme comme lui-même et que la femme respecte son mari.* **Ephésiens 5 :32** »

Le mariage est la seconde institution de Dieu après le travail, la première structure humaine et sociale établie par Dieu, le mariage selon le plan divin et celui qui constitue à contrat à vie dans le lien conjugal entre un seul homme et une seule femme, le mariage ne peut être valablement rompu que par la mort de deux ou l'un des conjoints. Le divorce et le remariage pendant que l'autre conjoint soit encore vivant ne relève pas de la volonté parfaite et souveraine de Dieu. Toutes les vices anti-mariage tels que l'impudicité, l'adultère, le concubinage, l'homosexualité, l'union-libre, la zoophilie, la nécrophilie, la polygamie et autres sont sévèrement condamnées par la parole de Dieu. Le foyer chrétien est avant tout, celui qui est issu d'un mariage contracté selon les prescrits divins, bâti sur l'amour réciproque et le respect mutuel. **Ephésiens 5 :22-33** ; **I Pierre 3 :1-8** ; **Colossiens 3 :18-19** ; pour les enfants de Dieu, la volonté de leur père céleste est le choix du conjoint et de la conjointe se fasse au sein de leur famille spirituelle, c'est à dire l'évangile, l'Eglise corps du Christ, pas forcément dans une même assemblée ou communauté. **I Corinthiens 7 :39** ; Dans un foyer chrétien les devoirs et les droits aussi bien des parents que des enfants sont clairement définis **Ephésiens 6 :1-4**.

Le But du Mariage

A l'aide des écritures et grâce à l'orientation su Saint-Esprit, nous décelons quatre objectifs pour lequel Dieu institua le mariage, nous enfumerons :

- L'entraide mutuelle **Genèse 2 :18** ; **Ecclésiaste 4 :9-11** et **12** ; **Matthieu 18 :19** ;
- Perpétuer l'espèce humain et peupler la terre d'hommes et femmes **Genèse 1 :26-27** ; **I Timothée 5 :14** ; **Jérémie 29 :6** ;

- Le bonheur suprême **Genèse 2 :23-25** ; **Ecclésiaste 4 :11** ; **Proverbes 18 :22** ; **I Corinthiens 7 :1-5** ;
- Représenter la sacro-sainte relation qui existe entre Christ et l'Eglise **Ephésiens 5 :32-33**.

Le Choix du Conjoint ou de la Conjointe

Le conjoint ou la conjointe est un compagnon ou compagne de vie et à vie, raison pour laquelle le choix en matière conjugale doit être minutieux et judicieux, autrement dit, ça doit lucidement suivre les prescriptions de la parole de Dieu, dont voici les plus saillantes :

- Un enfant de Dieu ne doit épouser qu'une enfant de Dieu **I Corinthiens 7 :39** ; **II Corinthiens 6 :11-16** ; **Josué 23 :12-13** ; pas un païen ou une païenne ;
- Seul un homme célibataire non engagé qui doit se marier à une femme célibataire non engagée, ceci aussi inclut les veufs et les veuves **Matthieu 5 :32c** ; **Luc 16 :18b** ; **Romains 7 :3** ; **Matthieu 19 :4-5** ; **Marc 10 :6-7** ; **Genèse 5 :1-2** pas un divorcé ou un répudié ;
- On ne peut épouser qu'une personne de sexe opposé **Lévitique 18 :22** pas une personne de même sexe ;
- On ne peut ses marier qu'à une personne humaine **Lévitique 18 :23**, pas une bête ou une poupée ;
- On doit se marier à un homme ou une femme qu'on aime vraiment **Cantique des Cantiques 1 :7** ; **Genèse 29 :18** et **20** ; **24 :67** ; **Esther 2 :17** aussi à une personne qui vous aime vraiment **Cantique des Cantiques 1 :3-4** ; **2 :4**, il faut éviter l'amour forcé ;
- On doit se marier à un homme ou une femme qu'on préfère, qu'on apprécie, qu'on admire **Esaïe 62 :5** ; celle ou celui qui te plait vraiment **Esaïe 62 :5** ; **Cantique des Cantiques 1 :5-14** ; **2 :9** et **14** ; **4 :1-16** ; **8 :168** ; **Genèse 2 :23**.

Directives sur le Choix du Conjoint ou de la Conjointe

Les directives que nous proposons pour un meilleur choix du conjoint ou de la conjointe sont les suivantes :

1e la Prière : **Proverbes 16 :3** ; **18 :22** ; **19 :14** ; **Jacques 1 :17** ; **I Samuel 37 :4-5** ; **Proverbes 3 :5-7**.

Chercher l'orientation de Dieu pour choisir le compagnon ou la compagne de vie et à vie est une option sage, car étant hommes et femmes faillibles, buté à des erreurs de jugement et des limites d'observation, nous pouvons ou ne pas faire un bon choix, mais le choix de Dieu a toujours a été le meilleur.

2e Bien réfléchir et observer la personne.

Le sage à ses yeux à la tête **Ecclésiaste 2 :14** pour choisir un bon homme ou une bonne femme, il ne suffit pas que le cœur s'active, il est aussi nécessaire de faire travailler la tête, c'est pourquoi quelqu'un qui veut bâtir un foyer chrétien ne se contentera pas seulement de cibler la personne qui lui plait, mais aussi surtout il observera si la personne pointée est compatible, désirable et convenable pour vous. **Proverbes 20 :25** ; **Genèse 24 :35** et **57-58** ; **Proverbes 30 :10-31**.

3e Informer

La personne qui doit être informée est celle qui fait l'objet de son choix, très généralement, c'est l'homme qui aborde en premier la femme, néanmoins la femme peut aussi de sa part faire sagement des avances à l'homme. **I Samuel 25 :39**, ensuite on informe ses propres parents, en donnant les données et informations exactes et détaillées sur la personne ciblée comme future conjointe ou futur conjoint **Juges 14 :1-2**. On informe les probables beaux-Parents, ceci doit se faire en accord avec ses propres parents **Genèse 29 :18-9** ; pour les relations ou vœu de mariage des relations pas encore ou encore des relations non officielles, généralement c'est la femme qui présente l'homme à ses parents. Il est aussi sage d'informer le plutôt possible l'Eglise via ses conducteurs spirituels.

Les Fondamentaux du Mariage

Genèse 2 :18-25, énumère trois aspects fondamentaux ou trois actes constitutifs du mariage, exprimés en trois verbes : quitter, s'attacher et devenir une seule chair.

« **QUITTER** » consiste à l'acte public, légal, officiel, solennel, c'est l'assentiment de la société représentée par les parents, la publicité du mariage doit être constatée et par la famille et par l'Eglise et par l'Etat, puis sanctionnée par le palabre, le versement de la dot, l'organisation des noces, l'enregistrement à l'Etat civil et la bénédiction de l'Eglise. Cette célébration ou publicité du mariage constitue ce que nous appelons dans le jargon conjugal *Assentiment ;* cet acte solennel et confère au mariage le caractère officiel et légal, il procure la protection du mariage par la société. Cfr **Genèse 24 :45-54** ; **29 :21-22** ; **Hébreux 13 :4a** ; **Romains 13 :1-7** ; **Matthieu 18 :18** ; **Genèse 2 :24**.

« **S'ATTACHER** », s'attacher à l'autre qu'on pointe comme future conjoint ou conjointe consiste à l'acte personnel c'est « **LE CONSENTEMENT** », il constitue l'aspect amoureux ou sentiment mental, c'est l'expression d'engagement libre et délibéré entre les deux conjoints, s'attacher, C'est aimer et être fidèle à l'autre et vis vers. **Matthieu 19 :5** ; **Marc 10 :7** et **9** ; **Romains 7 :2** ; **I Corinthiens 7 :4**.

Devenir une Seule chair

Le troisième aspect fondamental du mariage, c'est la sexualité, l'aspect intime, l'acte sexuel confère au mariage le caractère effectif et indispensable, l'acte physique ou l'aspect charnel qu'est la sexualité, nous l'appelons « **CONSOMATION** » **I Corinthiens 7 :1-5** ; **Proverbes 5 :15-20** ; la sexualité n'est tolérable que dans le cadre du mariage légal, c'est effectivement ça la volonté délibérée de Dieu. D'ailleurs, la Bible fait une nette distinction entre connaitre avec qui qui consiste à une relation sexuelle licite **Genèse 4 :1-2** ; **Matthieu 1 :25** ; **I Samuel 1 :19-20** et coucher avec qui consiste à une relation sexuelle illicite **Genèse 19 :30-32** ; **39 :10** ; **II Samuel 11 :4** ; **13 :14**.

Les Devoirs Conjugaux et Fondamentaux

Dans un foyer chrétien, le mari est le chef **I Corinthiens 11 :3**, la femme est son aide semblable **Genèse 2 :18**. Les rapports entre époux sont bases sur l'amour réciproque et le respect mutuel, les enfants sont encouragés à honorer leurs parents et les obéir selon le Seigneur. **Ephésiens 5 :22-33** ; **6 :1-4** ; **Colossiens 3 :18-21** ; **I Pierre 3 :1-8**. La séparation des corps ainsi que le divorce sont en rébellion avec la volonté de Dieu I **Corinthiens 7 :1-11**.

IIIème Partie : L'EGLISE DE DIEU

Dans sa relation avec l'humanité, Dieu avait eu à affaire avec trois interlocuteurs : les Nations, Israël et l'Eglise.

Avec les nations Dieu débuta son alliance avec Adam en Eden **Genèse 2 :2** et **3** ; après la rupture de cette alliance, il cheminera avec les nations en instaurant le culte communautaire après la naissance d'Enoch fils de Seth **Genèse 4 :26**. Apparemment les vrais adorateurs de l'Eternel seront issus de la lignée Seth, c'est dans cette descendance qui est peint en blanc les Héros de la foi tels que *Hénoch* et Noé **Genèse 5** et **Hébreux 11 :5-7**. Ensuite Dieu se choisira un Peuple qu'est Israël, dans cette énième alliance ; deux autres alliances spéciales en seront les plus déterminantes à savoir, la lignée Abrahamique et la Dynastie Davidique, cependant Israël tire son origine et son originalité de l'alliance de Dieu avec son géniteur et ancêtre *Abraham* **Genèse 12**, l'alliance de Dieu avec Israël étant que peuple **Exode 19**. Enfin, après l'échec de cette dernière alliance, une autre alliance plus excellente que Dieu fera par Christ avec l'humanité est celle qui donne naissance à cette institution aussi sacrée que merveilleuse à savoir l'Eglise dans les cinq chapitres que compte cette troisième partie, nous allons aborder les questions concernant la vie, et la marche de l'Eglise.

CHAPITRE 21 : EGLISE PRIMITIVE ET FINITIVE-EGLISE MILITANTE ET TRIOMPHANTE

L'Église avait été implantée à la pentecôte lors de la première effusion du Saint-Esprit, dite pluie de la première saison, laquelle a permis à l'Église de naitre et de croitre, de s'implanter et de s'étendre jusqu'aux extrémités de la terre dans les premiers siècles de l''ère chrétien. L'Eglise qui vit le jour à la première pentecôte après l'ascension du seigneur Jésus-Christ est la même qui s'apprête dans nos jours pour accueillir christ dans les airs, l'Eglise qui jadis appelée Eglise primitive, elle est aujourd'hui appelée Eglise finit ive, laquelle se prépare pour l'enlèvement depuis le début du XXe Siècle de notre ère, de grâce à la deuxième et dernière effusion du Saint Esprit, dite pluie de l'arrière-saison, laquelle avait commencé à avoir lieu à Los Angeles, lors du réveil de l'an 1900.

L'Église est présentement militante ou combattante, car elle combat contre le péché, le monde, la chair et le diable. Elle milite pour la sainteté, le salut des âmes et la propagation de la bonne nouvelle de Jésus-Christ jusqu'aux extrémités de la terre. Elle sera triomphante ou victorieuse, lors du triomphe final du Christ sur tous ses ennemis, les victoires que 'Eglise corps du Christ remporte présentement ne sont que partielles et l'avant-gout du triomphe total et final qui aura lieu après '*l'Armageddon '' et ''Gog et Magog'* '**Apocalypse 19**.
Fort est de comprendre que le précurseur de l'Eglise qui est l'assemblée d'Israël

.

L'Eglise selon la Bible et les conceptions bibliques et théologiques.

L'Assemblé de Dieu d'Israël-figure de l'Eglise de Christ

Israël dans le désert, tout comme dans la terre promise préfigure l'Eglise, la parole de Dieu établit plusieurs similitudes dont voici la teneur :

- La nation d'Israël fut fondée par 12 patriarches et l'Eglise fut implantée par 12 apôtres **I Chroniques 2** et **Actes 2** ;
- Israël fut conduit par un triumvirat composé de Moise, Aaron et Myriam, **Michée 6 :4** ; l'Eglise eut à sa tête un triumvirat apostolique composé de Céphas (Simon-Pierre), Jacques et Jean. **Galates 2 :9** ;
- Israël perdit 3.000 de ses citoyens en un seul jour **Exode 32 :28**, l'Eglise sauvera 3.000 âmes un seul jour **Actes 2 :14** ;
- Moise le chef d'Israël fut assistés par 70 anciens **Nombres 11 :25** et Jésus le chef de l'Eglise fut assistés par 70 disciples **Luc 10:1** ;

- Israël fut sauvé par le sang le jour de la pâque et l'Eglise aussi fut sauvée par le sang le jour de la pâque **Exode 12**, **Matthieu 26** et **27**.

Eglise du Christ sur Terre

« Et Moi, je te dis que tu es pierre et sur cette pierre je bâtirai mon Église et que les portes du séjour des morts ne prévaudront pas contre elle. Je te donnerai les clefs du royaume des cieux : ce que tu lieras sur la terre sera lié dans les cieux et ce que tu délieras sur la terre sera délié dans les cieux **Mathieu 16:18-19**. *S'il refuse de les écouter dis-le à l'Eglise...***Mathieu 18 :18-19**

Jésus est le premier à avoir employé le mot *Eglise,* ce lui-même qui l'a institué pour continuer son œuvre du salut sur terre, donc le vicaire du Christ c'est l'Eglise. Dans le nouveau testament le mot Église est dérivé du grec ''***Ekklesia***'', qui signifie « un groupement des humains appelé hors de... », « Un rassemblement » ou « une assemblée ».

Conception Biblique de l'Eglise

La parole de Dieu se sert d'un certain nombre des mots pour designer l'Eglise et chacun de ces concepts convient à un contenu. La Bible conçoit l'Eglise pas comme une organisation mais plutôt comme un organisme et l'appelle « un troupeau ». **Jean 10 :16** « le champ de Dieu » **I Corinthiens 3 :9** « le temple de Dieu » **I corinthiens 3 :16** « le corps de Christ » **Ephésiens 1 :22-23** « une habitation de Dieu ». **Ephésiens 2 :22** « l'épouse de Christ » **Ephésiens 5 :22-27** ; **II Corinthiens 11 :2** « la Maison de Dieu » **I Timothée 3 :15** « la colonne et l'appui de la vérité » **I Timothée 3 ;15** « la race élue », « un sacerdoce royal », « une nation sainte », un peuple acquis, **I Pierre 2 :9** « une maison spirituelle » ; « un saint sacerdoce » **I Pierre 2 :5** « un Royaume des sacrificateurs » **Apocalypse 1 :6**. L'Eglise est une synthèse entre celles et ceux d'Israël convertis au Seigneur et les convertis de toutes des nations. A l'Eglise la Bible confère un fondement, une mission, un chef, un guide, des ordonnances, et des promesses.

Le Fondement de l'Eglise

« *Simon-Pierre répondit : tu es le Christ, le fils du Dieu vivant... Et moi je dis que tu es Pierre et que sur cette pierre je bâtirai mon Eglise...***Mathieu 16 :16-19**. *Vous avez été édifiés sur le fondement des apôtres et des prophètes, Jésus-Christ lui-même étant la pierre angulaire.* **Ephésiens 2 :20**. *Car personne ne peut poser un autre fondement que celui qui a été posé, savoir Jésus-Christ.* **I Corinthiens 3 :11** »

L'Eglise est fondé sur la vérité divine confessée par Simon-Pierre, c'est-à-dire Jésus-Christ, celui la parole incarnée de Dieu **Jean 1 :1** et **14** qui est le fondement de l'Eglise, son enseignement ou l'enseignement basé ou centré sur lui constitue la fondation solide de l'Eglise cfr **Jean 3 :39** ; **Romains 10 : 17** et **Actes 8 :4-5**. Le fondement de l'Eglise(Christ) est posé sur les quatre piliers de l'enseignement des Apôtres, la Communion fraternelle, la Fraction du Pain et les prières. **Actes 2 :42**.

Mission de l'Eglise

« *Allez, faites de toutes les nations des disciples, les baptisant au nom du père, du Fils et du Saint-Esprit, enseignez-leur à observer tout ce que je vous ai prescrit.* **Mathieu 28 :19-20** » Faire des disciples **Mathieu 28 :19**, témoigner Christ **Actes 1 :8** ; le perfectionnement des saints **Ephésiens 4 :12** constituent les mandats divins, des quels relèvent de la mission de l'Eglise du Christ sur terre.

Le Chef et le Gouvernement de l'Eglise

Le chef suprême de l'Eglise, c'est Jésus-Christ **Ephésiens 5 :23** ; **Colossiens 1 :18**, le Seigneur Jésus-Christ dans sa suprématie du gouvernement de l'Eglise, il est assisté par le ministère composé d'hommes et femmes spirituellement investis **Ephésiens 4 :11** ; **I Corinthiens 12 :20-26**.

Le Guide de l'Eglise

Le Saint-Esprit est le divin guide de l'Eglise, il conduit l'Eglise conformément à la parole de Dieu, dont lui-même en est l'inspirateur. **Jean 14 :16** et **26**.

Les Membres de l'Eglise

Tous les croyants nés de nouveau sont membres de l'Eglise, seule la nouvelle naissance, laquelle constitue le résultat de la repentance envers Dieu et la Foi en Christ-Jésus **Jean 3 :3** ; **1 :12-3** ; **Actes2 :47** ; **20 :20-21** ; **3 :19** ; **Romains 12 :5**.

Les Promesses et les Ordonnances de Christ à l'Eglise

L'une des promesses parmi les plus nombreuses du Seigneur à l'Eglise est l'accompagnement de la prédication de son évangile par les miracles, signes et prodiges. Aussi Christ formula à l'Eglise trois ordonnances, puis il encouragea les bonnes pratiques telles que le payement des dimes, offrandes et aumônes, ceux-ci feront l'objet des chapitres suivants dans cette partie.

CHAPITRE 22 :
LES DONS, MINISTERES ET OPERATIONS

« *Il y'a diversité de dons, mais le même Esprit, diversité de ministères, mais le même Seigneur ; diversité d'opérations, mais le même Dieu qui opère en tous.* **I Corinthiens 12 :4-6** ».

Dieu pour la bonne marche de son Eglise sur terre, il lui conféra les dons, les ministères et les opérations. Nous essayons de voir les différences entre les trois concepts puis les diversités de chacun d'eux.

Les Différences entre Dons, Ministères et Operations

Un don consiste à tout ce qu'on reçoit de Dieu en termes de capacité, talent, qualité, potentialités et aptitudes. Un ministère consiste à ce qu'on est appelé divinement à faire au sein de l'Eglise, c'est le rôle ou la tache spécifique qu'on est mandaté à jouer ou exécuter au sein de gouvernement de Dieu ; tandis qu'une opération est une tache temporelle à exécuter individuellement ou collectivement sur ordre de Dieu par l'Eglise. Cfr I **Corinthiens 12** ; **Ephésiens 4 :1-12** ; **Romains 12 :6-8**.

Les Dons

« *Il y'a diversité des dons…* » **I Corinthiens 12 :4**.

Néanmoins la Bible donne nous une séquelle de neuf dons spirituels, lesquels constituent certainement les principaux et les plus essentiels. Nous les catégorisons en trois, parmi lesquels les dons de révélation : parole de sagesse, parole de la connaissance, discernement des esprits ; les dons de puissance : Foi, Guérisons, Operations de miracles et les dons d'émission : parler en langues, interprétation des langues et prophéties.

- La parole de la sagesse, c'est la faculté de résoudre des questions difficiles ;
- La parole de a connaissance, c'est la faculté de trouver les solutions aux problèmes compliqués ;
- Le discernement des esprits, c'est la faculté d'établir la vérité, de prouver la véracité, de distinguer le vrai du faux ;
- La Foi c'est la faculté d'imposer la volonté de Dieu sur terre, de y faire intervenir son règne ;
- Les guérisons, c'est la faculté de faire rétablir la bonne santé physique et/ou mentale ;

- Les miracles, c'est la faculté de pouvoir faire intervenir la main de Dieu de façon visible et surnaturelle.
  La liste des dons ne saurait jamais être exhaustive vue l'immensité de cette notion.

Les Ministères

Soulignons que tout ministère est un don, mais tout don n'est pas forcément un ministère. De même que le don, la liste des ministères ne saurait être exhaustive, **Ephésiens 4 :11**. Nous énumérons les cinq ministères que nous croyons principaux, cependant nous pouvons constater qu'il existe, les ministères dérivés, les ministères auxiliaires et les ministères séculiers et les ministères jumelés.

Les ministères Principaux « Apôtres, Prophètes, Évangélistes, Pasteurs et Docteurs »

L'Apostolat

Un apôtre est un ministre de Dieu appelé et envoyé pour poser les fondements sur lesquels l'œuvre de Dieu doit être édifié. **I Corinthiens 3 :10**, contrairement à ce que certains pensent à tort bien sûr ; le ministère apostolique est toujours d'actualité jusqu'à nos jours, **Luc 6 :13** ; **Ephésiens 4 :11** ; **I Corinthiens 12 :28**, néanmoins la vérité est que les apôtres authentiques sont peu nombreux, ou la délicatesse étroite de mandat divin attachés à ce noble ministère. Claude PAYAN soutient dans son livre que les cinq ministères se lèvent qu'un érudit avait conclu après étude que le Nouveau Testament mentionne vingt-six personnes ayant exercé le ministère d'Apôtre. Un Apôtre est supposé servir le fondement de l'œuvre de Dieu **Ephésiens 3 :5**, il ne suffit d'être fondateur d'une Église ou des églises pour être qualifié d'apôtre, mais il faut que le fondement posé par le ministre soit clairement authentifié ; de nos jours aussi quelques personnes ont exercé et exercent authentiquement ce ministère, par exemple :

- Martin LUTHER fut l'Apôtre de la reforme ;
- Les frères Daniel et John WILLIAMS sont considérés comme les Apôtres du réveil au Pays de Galles ;
- M'zée Alexandre AYADINI ABALA est considérés comme Apôtre des Eglises de réveil en République Démocratique du Congo ;
- Cardinal Joseph-Albert MALULA est considéré comme l'apôtre du rite Zaïrois au sein de l'Eglise Catholique Romaine.

La Prophéutique

Un prophète est un ministre de Dieu appelé et envoyé pour annoncer un message lié au temps et au lieu donné. Dans l'ancien Testament les prophètes étaient appelés voyants

I Samuel 9 :9, 11 et **12**. Tout comme l'apostolat, le ministère des Prophètes est aussi d'actualité **I Corinthiens 12 :20** ; **Actes 13 :1**; **15 :32** ; **21 :10**; **11 :27-28** ; **20 :23**; **21 :10-11**; **Ephésiens 4 :11**. Le prophète apporte le message de Dieu par rapport au temps et à l'espace donnés, à titre d'exemple Martin LUTHER KING était prophète de Dieu avec quoi comme message ? L'absolution de la ségrégation et l'intégration interraciale, quand ? Au XXe siècle, où ? Aux Etats-Unis d'Amérique. Simon KIMBANGU était prophète de Dieu avec quel Message ? La décolonisation, où ? En Afrique ; Quand ? Au XXe Siècle.

Une vérité choquante est que beaucoup de Ministres de Dieu portant les titres d'Apôtres et/ou de Prophètes, se sont trompés de ministère, car les ministères des Apôtres et les prophètes sont des ministères étroits, c'est-à-dire les personnes l'exerçant sont très peu nombreuses, les vrais existent même sous la nouvelle dispensation, car Dieu peut faire de quelqu'un prophète pour une famille ou pour un quartier.

L'Evangéulique

Un évangéliste est un ministre de Dieu appelé à propager la bonne nouvelle le plus loin que possible, à étendre l'œuvre de Dieu, le plus loin que possible. Sous l'ère chrétien très nombreux de gens, ont eu à exercer ce ministère large, parmi les plus connus de nos jours nous pouvons mentionner Billy GRAHAM, Billy SUNDAY (1862-1935), Smith SIGGLESWIRTH (1859-1947), Jack COE, Oral ROBERTS, T.L OSBORN, Kathryn KHULMAN, Benny HINN, Rendort BUNK2, Stephen JEFFREY ? Kenneth HAGGIN, Lester SUMRALL, SONY KAFUTA, KIZIAMINA KIBILA, la Bible nous renseigne sur quelques-uns ayant exercé ce ministère. **Actes 21 :8**. Dommage, certains considèrent l'Evangélique comme un micro-ministère, loin de là un évangéliste est un ministre au plein sens du mot, au même titre que l'Apôtre, le Prophète ou le pasteur, dans l'esprit **d'Ephésiens 4 :11**, il n'y a pas des mégas ministères ni de micro ministères ; Paul encourage à aspirer à ce ministère **II Timothée 4 :5**.

Le Pastorat ou le Pastorale

Un pasteur est un ministre de Dieu appelé pour paitre le troupeau **Esaïe 40 :11** ; **Jérémie 31 :10** ; **Matthieu 9 :36**, Dieu se soucie du ministère pastoral et sa volonté est qu'il ait un grand nombre des pasteurs **Jérémie 3 :15** ; **23 :1-5** ; **Jean 10 :11** ; **I Samuel 13 :14**. A ne pas confondre le pasteur de ministère et le pasteur de titre ou de fonction à exercer au sein d'une Eglise étant organisation, car n'importe quel homme de Dieu, quel que soit son ministère assumant les fonctions de dirigeant d'une assemblée, peut bel et bien porter le titre de pasteur.

En outre, il est d'usage que tout diplômé d'une école théologique porte le titre de pasteur et ceci n'en a aucun inconvénient.

Le Doctorat ou la Doctorale

Un Docteur est un ministre de Dieu appelé à définir ou à redéfinir un point doctrinal ou un enseignant particulier, à titre d'exemple les frères John et Charles WESLEYS ont défini la doctrine de l'entière sanctification, Charles PARHAM et James SEYMOUR ont redéfini l'enseignement sur le baptême du Saint-Esprit, le couple OLANGI a établi la doctrine du combat spirituel. Un docteur est un spécialiste de la doctrine **Luc 2 :46, 5 :17** ; **7 :30** ; 11 :45 ,**46** et **52** ; **14 :3** ; **Actes 13 :1**. Aussi généralement un docteur est considéré comme un expert en enseignement de l'évangile Les ministres n'a rien à voir avec les titres que des nombreux ministres portent **I Corinthiens 12 :29**.

Les Ministères Dérivés « les Evêques et les Missionnaires »

Un Evêque est pasteur des pasteurs, c'est-à-dire, il est ministre de Dieu avec comme vocation de faire des Pasteurs tantôt le Pasteur ayant sous son autorité d'autres Pasteurs est souvent désigné comme *Evêque* **Actes 20 :28** ; **Philippiens 1 :1** et **I Timothée 3 :1**.

Un missionnaire est un Evangéliste appelé à proposer la bonne nouvelle aux contrée plus éloignées que son milieu de vie, dans le nouveau Testament le missionariat avait été exercé par plusieurs ministres, parmi lesquels Paul, Sillas, Pierre, Philippe, Barn abas, Timothée, Silvain et tant d'autres. Il faut retenir que peu importe votre ministère, vous pouvez exercer le missionariat.

Les Ministères Auxiliaires « les anciens et les diacres »

Au sens large tout ministre est un ancien, l'ancien et le ministre désignent une même personne au sens large, car dans l'ancien et le nouveau Testament un ancien peut être désigné un dirigeant **Genèse 50 :7** ; **Exode 3 :16** et**18** ; **4 :29** ; **12 :21** ; **17 :5** ; **18 :12** ; **19 :7** ; **24 :1** et **9** ; **Mathieu 26 :3**, **47** et **57** ; **27 :1,3,12**, et **57** ; **27 :1,3,12** et **20**, un cadre de l'Eglise **Actes 15 :2,4,6,22** et **23** ; **16 :4** ;**20 :7** ;**21 :18** ;**I Timothée 4 :14** ; **5 :17** ; **Jacques 5 :14** ; **I Pierre 5 :1** et 5.

Un prédicateur ou un enseignant de la parole, **I Timothée 5 :17**, un auxiliaire du pasteur d'une Eglise locale **I Timothée 5 :19** ; **Tite 1 :5**.

Le diaconat est un ministère moins large que l'anciennat, toute fois la Bible affirme qu'un diacre est un ministre **I Timothée3 :8-10**. Un diacre est un ministre auxiliaire du ministère de la parole. **Philippiens 1 :1** ; **I Timothée 3 :8** et **12**, les diacres et les diaconesses sont souvent chargés des affaires temporelles de l'Eglise telles que l'administration, le Bien-être social des membres, les finances, la logistiques et tant d'autres taches à caractère temporel. **Romains 16 :1** ; **Actes 6 :1-6**, ce ministère avait été expérimenté pour la première fois par les Apôtres quelque temps après l'implantation de l'Eglise **Actes 6 :1-6**, le ministère diaconal, nous pouvons distinguer les diacres et les diaconesses Laïques ; c'est à dire, ceux et celles qui s'occupent uniquement des taches séculières ou temporelles et les diacres et diaconesses religieux, lesquels en plus de leurs taches séculières , ils et elles exercent aussi les prérogatives d'ordre spirituel tels que la prédication, l'Evangélisation, l'intercession et autres, tel qu'avait été le cas pour Etienne **Actes 6 :7-10** ; pour Philippes **Actes 6 :5** ; **2 :4-6**, **12-13**, **26**, **29-31**, **34-40**.

Les Ministères Jumelés

Pour dire la vérité, tout enfant de Dieu, réellement converti menant une vie de sanctification, et pleinement rempli du Saint-Esprit, a en lui à une certaine portion tous les cinq ministères d'**Ephésiens 4 :11**, particulièrement surtout ceux et celles qui ont reçu l'appel authentique au ministère de la parole, cependant on est qualifié de tel ou tel selon la portion du ministère qui prévaut le plus dans la vocation de chacun, néanmoins tout ministre de Dieu , qu'il soit appelé Apôtre, ou Prophète, ou Evangéliste, ou Pasteur ou Docteur, chacun aura d'une façon ou d'une autre à exercer tant soit les différentes portion de ces cinq ministères, raison pour laquelle, un bon nombre de gens se trompent des appels et dans certaines confessions chrétiennes ont fait pas vraiment attention aux titres correspondants aux nomenclatures de l'**Ephésiens 4 :11**, à titre exemplatif dans une communauté telle que MISSION DE LA FOI APOSTOLIQUE DE PORTLAND OREGON(USA), on reconnait les cinq ministères principaux et d'autres ministères auxiliaires, mais on se désigne et on désigne

Tout le monde par le vocable *Frères et/ou Sœur*, néanmoins pour des raisons administratives, on accorde à certains ministres les titres de Pasteurs Overseer, ce dernier est l'équivalent de Bishop ou Evêque. En examinant minutieusement les écritures, on conclura clairement que dans les chefs de certains ministres de Dieu, plus d'un appel s'affichent plus prépondérant que d'autres, exemplifions Simon-

Pierre dit Cephas fut d'abord appelé comme Apôtre **Mathieu 10 :2**, en plus de cela une vocation pastorale lui avait été confiée **Jean 21 :15-17**, Philippe appelé premièrement comme diacre, secondement comme évangéliste **Actes 6 :5** ; **21 :8** ; sans nulle doute que le jeune Timothée avait reçu un appel à la pastorale au sens plus large, il fut un évêque, mais l'exercice de ministère d'évangéliste lui avait aussi été conseil **II Timothée 4 :5**, Jacques le frère du Seigneur fut à la fois Apôtres et Pasteur à Jérusalem **Galates 1 :19** ; **2 :9** et **12** ; **Jacques 1 :1** ; **Jude 1 :1** et **Actes 18 :17** ; **15 :13** ; **21 :18** ; que dirons-nous alors de Paul ? L'homme dans le chef du quel plusieurs appels ministériels apparaissaient, tantôt on le voit comme Apôtre **Actes 13**, tantôt comme évangéliste-missionnaire **Actes 14**, tantôt comme Prophète cfr **I Thessaloniciens 4** et **I Corinthiens 15**, aussi si et seulement si Paul est l'auteur de l'épitre aux Hébreux, on dirait qu'en dehors de sa vocation apostolique, Paul était aussi un docteur.

Les Ministères dans l'Ancienne Alliance

Sous l'ancienne dispensation, il existait les ministères principaux : les Rois, les Prophètes et les Sacrificateurs, il y'eut aussi des ministères dérivés ou étendus, tels que les Juges et les Généraux, aussi des ministères auxiliaires, les Lévites, les Anciens et les Scribes, de même que les ministères jumelés. En plus de diversités des ministères ci-haut évoqués, dans la présente section, nous parlerons aussi des ministères des Lieutenants ou disciples.

Les Rois, les Prophètes et les Sacrificateurs

Le royaume d'Israël ayant été un régime politique Théocratique, le Roi par essence chef politique avait aussi des prérogatives religieuses, raison pour laquelle le ministère du Roi dans l'alliance ancienne était aligné parmi les trois principaux ministères qu'élevait l'onction. Cfr le Roi **I Samuel 10 :1** ; **12 :3** et **5** ; **15 :7** ; **16 :13** ; Rois **19 :15-16**. Le sacrificateur était Oint **Lévitique 6 :19** ; **4 :5** et **16** ; **6 :20** ; **7 :35-36** ; **8 :12** et **30** ; **16 :32**. Le prophète recevait l'onction **Psaumes 105:15** ; **I Rois 19 :16** ; **Nombres 27 :18-23**.

Le roi en dehors de ses fonctions politico-administratives, il exerçait aussi les attributions équivalentes au ministère pastoral de nos jours ; entre autres l'organisation de l'adoration, l'ordre liturgique, la mise en fonction des commandements et ordonnances de l'Eternel relevant de la compétence du Roi ? cfr **II Rois 12** et **II Chroniques 17**, raison pour laquelle les qualifications pour accès au ministère du Roi étaient aussi exigeantes que celui de l' évêque sous la nouvelle alliance. Cfr **Deutéronome 17 :14-20** et **I Timothée 3 :1-15**.

Le sacrificateur était l'intermédiaire entre Dieu et le Peuple, il remplissait les fonctions aussi bien d'intercesseur de l'assemblée que d'interprète de la loi de Dieu, son ministère était équivalent à celui du pasteur de notre époque. **Malachie 2 :4-7** ; **Néhémie 8 :1-8** ; **Esdras 7 :8-12** ; **I Samuel 9 :9**.

Le prophète autrement appelé le voyant était le porte-voix de Dieu, il jouait le rôle du conseil divin du Roi d'une part et du peuple de l'autre part. cfr **Juges 2 :1** et **4** ; **Nombres 12 :6** ; **Deutéronome 34 :10** ; **I Samuel 3 :20** ; **II Samuel 7 :1-12** ; **24 :11** ; **Matthieu 23 :39-31**,**34** et **37**. La prophétique est un ministère aussi vieux que le monde, car nous apprenons que depuis l'époque patriarcale jusqu'à l'époque de la loi et les prophètes un grand nombre d'héros de la foi ont eu à exercer ce ministère l'occurrence : Enoch **Jude 14** ; Abraham **Genèse 20 :7** ; Noé **Hébreux 11 :7** ; **I Pierre 3 :20** ; **II Pierre 2 :15**, **Actes 1 :16** ; **2 :25**, **24-30**, Job **Job 13 :25** ; Jacob **Genèse 48** et **49**.

Les Généraux, les Juges et les Patriarches

Le généralat semble être un méga ministère, car il consiste à l'exercice de plus d'un ministère dans le chef d'une seule personne et même personne, nos recherches indiquent que dans la Bible, il eut trois hommes qui ont exercé officiellement ce méga ministère à savoir : Moise, Josué et Samuel. Moise ne fut pas seulement un prophète **Deutéronome 34 :10**, il était aussi un grand juge et un grand chef ayant rang du Roi **Exode 2 :14** ; il était aussi l'Apôtre de la libération et de la législation du peuple élu, ayant consacré et ordonné le souverain sacrificateur et les autres sacrificateurs, nous croyons avec certitude, qu'il était aussi souverain sacrificateur, supérieur même à Aaron **Exode 7 :1** ; celui l'Apôtre du sacerdoce et du sacrificateur. Cfr **Hébreux 3 :1-5** ; quant à Josué, il fut non seulement un prophète, mais aussi un grand prince et un chef ayant rang du Roi, et l'Apôtre de la fondation de l'Etat d'Israël dans la terre promise. Cfr livre de Josué ; à son tour, Samuel qui avait été reconnu par tout Israël comme Prophète **I Samuel 3 :19-21** ; il exerçait aussi les fonctions de Juge en chef, ministère équivalent du Roi, il était aussi sacrificateur, puis on peut le considérer comme Apôtre de la monarchie en Israël.

Le ministère des juges eut ses lettres de noblesses, le livre de Juges liste une quinzaine des Juges, parmi lesquels Othniel, Ehud, Schamgar, Jael, Deborah, Gédéon, Jephté, Samson et autres ? Un juge à l'époque n'était pas seulement un magistrat du siège, mais il était aussi un chef de guerre, et un prince en chef, faute de la royauté, il conduisait le peuple de Dieu. Ce ministère dérivé de la royauté bien qu'il ne recevait pas formellement l'onction, c'est un ministère qui s'exerçait sous la puissance de l'Esprit de l'Eternel cfr. **Juges 13 :24 -25** ; **16 :31**

Les Patriarches qui étaient les chefs des familles étaient aussi investis de l'autorité divine, généralement avant la loi, les patriarches exerçaient le ministère dévolu au sacrificateur **Genèse 8 :20** ; **12 :7-8** ; **13 :18** ; **22 :9** ; **26 :25** ; **33 :20** ; **35 :7** ; **Job 1 :1-5**, aussi en quelque sorte, il s'attribuait les prérogatives dévolues aux Rois **Genèse 14 :12-16** ; **33 :1-2**.

Les Anciens, les Lévites, et les Scribes

La Nation comptait en son sein douze tribus, chaque tribu comprenait en son sein des clans, chaque clans des lignages, puis des familles, ainsi de suite, à la tête de chacun de ces groupements il y'avait des anciens, autrement aussi appelés des ministres oints de l'Eternel. L'anacienat sous l'ancienne alliance peut être comparé au ministère des Diacres et Diaconesses sous la nouvelle alliance. **Exode 18 :13-26** ; **Actes 6 :1-6**, le livre de Nombres liste des hommes ayant exercé ce ministère. Cfr **Nombres1 :1-17**, ce ministère de même que le précèdent exigeait une portion de la puissance de Dieu cfr **Nombres 11 :23-30**, l'ancien le plus connu sous le régime de Moise portait le nom de ''***HUR***'', certaines traditions affirment qu'il aurait été l'Epoux de Marie dite Myriam, la sœur de Moise cfr **Exode 17 :10-12**.

Les Scribes étaient des auxiliaires des ministres de Dieu, prophètes ou sacrificateurs, ils avaient la responsabilité d'enseigner et de mettre par écrit les paroles des hommes de Dieu, à l'exemple de Baruch, qui fut le secrétaire particulier du prophète Jérémie. Lisez **Jérémie 32 :12-16** ; **36 :4-32** ; **45 :1-2**

Le ministère des Scribes, ayant été exercé par des érudits de la loi, il a fini par donner jour à une classe des ministères des Docteurs de la loi, laquelle n'a rien à voir avec le ministère des Docteurs tel que défini dans le nouveau Testament, car les docteurs de la loi étaient des experts et des maitres en théologie juive, pas forcément des ministres authentiques ayant l'appel divin.

Les Lévites, quant à eux, ils étaient des auxiliaires de la sacrificature, ils aidaient et assistaient les sacrificateurs dans leurs différentes taches sacerdotales, parmi eux on trouvait des Scribes, des Chantres, des Portiers, des Guerriers et tant d'autres fonctionnaires de l'assemblée **Nombres 1 :50** ; **51 :53** ; **2 :17** ; **3 :12-32** ; **8 :15,18-21,24** et **26** ; **18 :6,23**.

La Lieutenance et le Discipolat

« *Et Josué, fils de Nun, serviteur de Moise depuis sa jeunesse...* **Nombres 11 :28**. *Il y'a ici Elisée, fils de Schaphath, qui versait l'eau sur les mains d'Elie.* **II Rois 3 :11**. *Jérémie appela Baruc, fils de Nérija, et Baruc écrivit dans livre, sous la dictée de Jérémie toutes les paroles que l'Eternel avait dites à Jérémie.* **Jérémie 36 :4**. Voir aussi V.**5**, **6**, **8**,**10** et **13**. *Six jours après, Jésus prit avec lui Pierre, Jacques et Jean, son frère et il les conduisit à l'écart sur une haute montagne.* **Matthieu 17 :1**. *Toi donc, mon enfant fortifie-toi dans la grâce qui est en Jésus-Christ. Et ce que tu as entendu de moi en présence de beaucoup de témoins confie le à des hommes fidèles, qui soient capables de l'enseigner aussi à d'autres.* **II Timothée 2 :1-2** ».

La lieutenance ou le discipolat ou encore l'assistanat est indispensable dans le ministère, il consiste au mentorat et coaching d'un ministre auxiliaire ou un aspirant ministre par un ministre vétéran. La Bible est très abondante en exemples des gens ayant exercé ce ministère

Non le moindre, entre autres Moise auprès de Jéthro, Josué auprès de Moise, Elisée auprès d'Elie, Baruc auprès de Jérémie, les douze Apôtres auprès de Jésus et Timothée auprès de Paul. Le lieutenant exerce un ministère d'assistance auprès de son maitre, il Co supporte avec lui le fardeau du ministère, en retour, il bénéficie auprès de son coach. L'encadrement et la formation nécessaires, sans parler de la transmission probable de l'onction pour exercer dans le futur un ministère plus grand. Lisez **Nombres 27 :18-23** ; **2 ROIS 2 : 1 -25**

Jésus Christ, Le Seul Ministre Majeur

Le concept ministre ou prophète majeur est très courant dans le jargon de nos amis du message du temps de la fin, puis certains serviteurs et servantes des Eglises évangéliques et mouvements de Réveil empreintes ce vocable. Mais la vérité absolue est que le seul ministre majeur, c'est '***'le Seigneur Jésus-Christ de Nazareth''***, nous autres, sommes tous des ministres mineurs même Mois, car nous sommes que de « ***COMMES*** »

« *Et il a donné les uns comme apôtres, les autres comme prophètes, les autres comme évangélistes, les autres comme pasteurs et docteurs* » **Ephésiens 4 :11** ceux et celles qui ont reçu l'appel authentique au ministère, ne sont que des copies certifiées et conformes à l'original qui est Jésus-Christ, car c'est lui le vrai apôtre **Hébreux 3 :1-2**, c'est lui le vrai prophète **Luc 24 :19** ; c'est lui le vrai évangéliste **Luc 13 :22** ; **Jean 4 :1**, c'est lui le vrai pasteur **I Pierre 5 :4** ; c'est lui le vrai docteur **jean 3 :2**.

Jésus, divin David et divin Aaron

Nous avons vu précédemment que, si sous la nouvelle alliance le ministère d'autorité est principalement constitué des Apôtres, des Prophètes, des évangélistes, des Pasteurs et des Docteurs, par contre sous l'ancienne alliance, le ministère d'autorité était constitué principalement des Rois, des Prophètes et des Sacrificateurs, ; comprenons que même sous l'ancienne dispensation la Royauté, la Prophétique et la Sacrificature n'étaient que les copies certifiées et conformes à l'original du vrai Roi qui est Jésus, ensuite du vrai prophète qui est encore Jésus, et enfin du vrai sacrificateur qui est toujours Jésus. La Royauté fut destinée à la tribu de Juda puis à la ligné de David.

La sacrificature fut attribuée à la tribu de Levi et particulièrement la lignée d'Aaron, mais le ministère prophétique n'était pas une exclusivité d'une quelconque famille. Jésus étant que prophète, Moise a prédit le ministère prophétique de jésus **Deutéronome 18 :15** ensuite lui-même s'est identifié et fait identifiée comme ministre-prophète. **Luc 4 :24** ; **7 :16,39** ; **13 :23** ; **24 :19**. Le ministère du Roi aussi n'était que figure de la royauté de Jésus-Christ du faite que celui-ci appartenait par son père nourricier à la ligné de Davido-Judaique, puis le prophète Jérémie le désigne comme « ***le Divin David*** » grand détenteur du trône **Matthieu 1 :1** et **20** ; **Jérémie 23 :5** ; **29 :16** ; **30 :9** ; **33 :15** et **16**. C'est lui le divin Lion, c'est-à-dire Roi de Juda **Genèse 49 :8-10** ; **Apocalypse 5 :5**. Jésus appartient aussi par sa mère à la lignée d'Aarono-Lévitique **Luc 1 :5**, **36** et **2 :1-7**, donc Aaron et d'autres sacrificateurs de l'ancien testament n'étaient que de « ***Commes Sacrificateurs*** » Le vrai et grand sacrificateur, c'est '' ***le Seigneur Jésus-Christ de Nazareth''***, le livre des Hébreux est très riche en évidences pour établir la véracité de cette doctrine.

« Le point capital de ce qui vient d'être dit, c'est que nous avons un tel souverain sacrificateur, qui s'est assis à la droite du trône de la majesté divine dans les cieux, comme ministre du sanctuaire et du véritable tabernacle, qui a été dressé par le Seigneur et non par un homme. **Hébreux 8 :1-2**. Il nous convenait, en effet, d'avoir un sacrificateur comme lui, Saint, innocent, sans tache, séparé des pécheurs, et plus élevé que les cieux. **Hébreux 7 :26**. »

Pour conclure, tous ceux qui sont en Christ et reçoivent l'appel au ministère, ils ont eu non seulement le ministère de type nouvelle alliance constituée de l'Apostolat, la prophétique, l'évangélique, la Pastorale et le la doctorale **Ephésiens 4 :4**, mais aussi, ils sont investis du ministère du type ancienne alliance, ils sont investis comme rois et sacrificateurs. **Apocalypse 1 :6**; **5 :10** ;

20 :6, ils sont aussi investis comme prophètes **Actes 2 :16-18**. Ne nous avait-il pas donné les deux deniers, c'est-à-dire l'ancien et le nouveau testament ? cfr **Luc 10 :35**.

CHAPITRE 33 :
LES MIRACLES, SIGNES ET PRODIGES

« *En vérité, en vérité je vous le dis, celui qui croit en moi, fera lui aussi les œuvres que moi je fais et il en fera de plus grand, parce que je m'en vais au père*. **Jean 14 :12**. *Voici les miracles qui accompagneront ceux qui auront cru*... **Marc 16 :15-20** ».

Les Évangiles nous rassurent que les miracles, signe et prodiges accompagneront la prédication de l'Evangile de Jésus-Christ ; néanmoins, dans nos un certain nombre de pseudo-prédicateurs prétendent que le temps des miracles est révolu, ces ministres du diable vont plus loin, en attribuant les miracles opéré par des hommes et des femmes de Dieu aux machinations sataniques ; ils procèdent exactement comme les pharisiens et les saducéens de l'époque de Jésus cfr **Matthieu 12**. En outres, l'auteur de l'épitre aux Hébreux fait de ces pseudo-ministres des menteurs. « *Jésus –Christ est le même hier aujourd'hui et éternellement* » **Hébreux 13 :8.** Certains cherchent à comprendre la différence entre signes, miracles et prodiges. Force est de souligner qu'il n'y a des grands fossés qui séparent ses trois assertions, sauf quelques nuances. Car tout signe est un miracle, tout prodige est aussi un miracle, néanmoins tout miracle n'est pas forcement, ni un forcement prodige. Dans ce chapitre nous allons nous atteler, aborder le fond de la matière sous le vocable miracle seulement, en abordant les différences entre miracles, signes et prodiges, les différentes sortes des miracles, et le pourquoi des miracles dans l'Evangile.

Différences entre Miracles, Signes et prodiges

Par miracle, il faut entendre, tout fait ou évènement ou encore un phénomène qui dépasse l'entendement humain. Ces fait ou événements peuvent être naturels ou surnaturels.

Un signe est un miracle opéré en guise d'accomplissement d'une promesse. **Esaïe 7 :14** ; **I Samuel10 :1-9** ; **II Rois 20 :1-11**, d'un avertissement **I Samuel 2 :30-34** et **4 :11**. Un prodige est un fait ou un événement surnaturel qui défie la loi de la nature cfr **Exode 12 :14**. Un signe peut être un prodige mais, un prodige n'est pas forcément un signe, tandis que tous deux sont dans le lot des miracles.

Les différentes sortes des miracles dans l'ancien testament tout comme dans le nouveau testament, nous y décelons des multiples e déverses sortes des miracles, cependant, dans cette section nous énumérons seulement les miracles de guérison, les miracles de sécurité ou de protection, les miracles de provisions, des miracles financiers, des miracles de résurrection et les miracles de secours et le les miracles de divin.

Les Miracles de résurrection et les miracles de Guérison et de Délivrance

« *Guérissez les malades, ressuscitez les morts, purifiez les lépreux, chassez les démons.* **Matthieu 10 :8** »

Ressusciter les morts entre dans le lot des miracles qui doivent authentifier l'annonce de la bonne nouvelle. Il y'a des gens qui donnent qui connotation spirituelle à cette instruction du Seigneur, chose vrai en quelque sorte, mais dans la bible nous voyons trois résurrections des morts physique opérées par Jésus d'abord, celle de la fille de Jairus **Marc5 :39-41**, ensuite celle du fils de la veuve de Nain **Luc 7 :11-16**, en fin celle de Lazard **Jean 11 :43-44**. Paul a ressuscité un mort **Actes 20 :9-12** ; dans l'ancien testament aussi nous voyons Elie opéré d'une ce miracle, et Elisée le faire à deux fois de reprise **I Rois 17 :17-24** ; **II Rois 4 :32-37** ; **13 :2-21**). Pierre a ressuscité Tabitha **Actes 9 :40-41** et ce miracle est toujours d'actualité, quatre ans avant ma naissance, au début du ministère de mon père, les témoins digne de confiance me racontent qu'un dimanche pendant qu'il enseignait, on lui amena un garçon mort, il lui imposa les mains, pria et le mort ressuscita quelqu'un m'a montré ce monsieur qui est aujourd'hui marié père de quatre enfants.

En ce qui concerne les guérisons, les écritures et les témoignages sont abondant, l'Apôtre Jacques nous instruit à propos de ce que nous pouvons faire, quand on est malade **Jacques 5 :13-16**, dans mon ministère, tout comme dans celui de mon père, je vois habituellement de tels miracles, à plusieurs fois, j'ai eu à imposer les mains aux malades et/ou à prier pour eux en distance et les ai vus se rétablir en parfaite santé, mon père est un monument de témoignage de la guérison divine, lors de sa conversion en aout 1981, il fit un vœux à Dieu, en disant « Seigneur comme tu as sauvé mon âme, et guéris miraculeusement mon corps, jamais, jamais, je n'irai plus jamais à l'hôpital jusqu'à ma mort, jésus tu seras désormais mon médecin, et ton sang sera mon médicament » j'avoue que ça fait 41 ans que mon père n'est ni allé à l'hôpital, ni pris de piqûre, ni pris de médicament, ni consulté les médecins. Il lui arrive de fois de tomber malade sérieusement malade, mais il prie et sollicite les prières des enfants de Dieu et Dieu le guérit, en 1982, il avait été atteint de cirrhose des foies, sans intervention médicale, il se guérit, en 1998, il tomba gravement malade, à tel point qu'il désigna par testament un de ses jeunes ministres de 36 ans comme son successeur à la tête de l'Eglise, par la prière, il se rétabli, en 2004, il connut un accident où il se casa l'une de ses cotes gauches, cet accident lui provoqua aussi la paralysie des membres gauches, l'œil, l'oreille, on lui proposa d'aller voir les médecin, mais il refusa, par la prière il a été guéri ? Nous voyons aussi dans les ministères de différents hommes et femmes de Dieu, tel que T.L Osborne, Renard BONKE, Benny AYN, Ignace TAMBU LUKOKI, M'Zée AYADINI ABALA, SONY KAFUTA, KIZIAMINA KIBILA, comment Dieu opère les miracles des guérisons conformément à la volonté souveraine de Dieu. « *Je suis l'Eternel qui te guérit* **Exode 15 :26**. *La prière de la foi sauvera le malade* **Jacques 5 :15** ». Le temps des guérisons n'est pas révolu, que tous ceux qui sont malades croient et prient pour leurs guérisons. **Actes 3 :6-9** ; **9 :32-35** ; **5 :12-16**.

La Délivrance de la possession démoniaque

Jésus nous doté de la force et de la puissance pour avoir autorité sur les démons et sur tous les esprits maléfiques. **Luc 9 :1** ; **10 :17-19**.

« *Chassez les démons* » **Mathieu 10 :8**

Jésus dans son ministère terrestre fit beaucoup de miracles de délivrance de la possession démoniaque cfr **Mathieu 5 :23** ; **8 :28** ; **9 :32** ; **17 :14** ; **Marc 1 :26** ; **5 :1** ; **9 :26** ; **Luc 4 :35** ; **11 :14** ; **8 :26** ; **9 :37**. Les Apôtres aussi le faisaient **Actes 19 :13-20** ; **19 :18**. Dans le ministère de mon père, j'en ai vécu deux cas, en 2003, un congolais résidant à Bruxelles (Belgique) qui était initié à la magie et à l'occultisme prit contact avec révérend Simon M'BENGANI, mon père, pendant qu'il parlait avec Papa au téléphone les démons lui ont apparu dans sa chambre à coucher, le menaçant de ne pas fouler le sol de Kinshasa, sous peine d'être tué, simultanément on lui rassura autoritairement de venir rapidement à Kinshasa pour sa délivrance, et les menaces du diable n'auront aucun effet sur lui, quelques jours plus tard il se rendit à Kinshasa, arriver un matin à l'église, mon père accompagné de quelques autres ministres lui imposèrent les mains et prièrent intensément pour sa délivrance, ce à ce net moment que les démons ont définitivement cesser de le maltraiter jusqu'à ce jour , l'homme est converti Seigneur puis il se fit baptisé. Un autre cas est celui de deux femmes venues de Brazzaville, elles étaient sœurs et toutes deux tourmentées par les démons, arrivées à Kinshasa à la recherche de la délivrance, elles se sont rendues à l'Eglise, dès que mon père les reçut au bureau, il leurs dit que Dieu m'a interdit de vous imposer les mains ni de prier pour vous aller vous-même à la chapelle de l'Eglise et priez Dieu vous délivrera. Elles ont obéi et allèrent prier, d'après leur témoignage Jésus leur apparut en vision en cette même séance de prière et prononça la sentence de leur délivrance. Ces Dames ont été délivrées le jour même, l'évangile de Jésus comprend aussi la délivrance à la possession de démoniaque.

Les Miracles de Protection, de Sécurité et de secours

Dieu protège, sécurise et secourt ses enfants, en cas de dangers, risques, difficultés ou n'importe quel problème. **Psaumes 34 :8** et **20** ; **91 :1-14** ; **27 :163** ; **118 :1-17** ; **Esaïe 54 :17** ; **Romains 8 :31**. Jésus a apaisé la tempête pour épargner ses disciples du naufrage **Mathieu 8 :26** ; Pierre, Paul et Silas ont été miraculeusement délivrés de prison **Actes 12 :1-12** ; **16 :19-31** ; le même Paul mordu par une vipère se trouva sain et sauf **Actes 28 :5** ; Elisée se voyait sécurisé par des chars de feu **2 Rois 6 :8-23** ; David fut miraculeusement protégé devant le lion, l'ours, Goliath et Saul, Lot fut délivré de Sodome lors de sa destruction, le bébé Ismaël fut épargné de la mort par la soif au désert . Israël traversa la mer rouge et le Jourdain à sec. « *Le Seigneur sait délivrer de l'épreuve les Hommes* pieux **2 Pierre 2 :9** »

Les Miracles de Provisions et les miracles financiers

« *Et Mon Dieu pourvoira à tous vos besoins*. **Philippiens 4 :19** »

Les miracles s'opèrent aussi dans le domaine des besoins vitaux, c'est à dire le manger, le boire, le vêtir et tant d'autres nécessités peuvent aussi faire l'objet des miracles. La Bible est très abondante en récits y étant relatifs. Par miracle Dieu peut mettre fin à ta soif **Genèse 21 :15-19** ; **Exode 15 :22-25** ; **Nombres 20 :11** ; **Juges 15 :16-19** ; Par miracle Dieu peut mettre fin à ta faim **Exode 16 :12-15** et **32** ; **1 Rois 17 :14** ; **2 Rois 4 :42-44** ; **7 :1-20** ; **Mathieu 14 :15** ; **Marc 6 :41** ; **Luc 9 :12** ; **Jean 6 :5**. Les domaines de finances et des affaires aussi ne sont pas exemptés dans les domaines des miracles, signes et prodiges. « L'argent répond à tout » **Ecclésiaste 10 :19**. La Bible enregistre quelques miracles dans le domaine des business et dans celui des finances, nous voyons dans le nouveau testament Jésus faire sortir les pièces de monnaie dans la bouche de poisson sur instruction à Simon Pierre **Mathieu 17 :27**, le même Simon Pierre connaitra à deux fois de reprise une pêche miraculeuse **Luc 5 :5-6** et **Jean 21 :6**, tandis que dans l'ancien Testament, nous voyons une pauvre veuve très endettée devenir une femme d'affaire par l'obéissance à la parole de l'homme de Dieu **2 Rois 4 :1-7**.

Les Miracles de promotion

« *Voici mon serviteur prospèrera, il se lèvera, il se lèvera bien haut*. **Esaïe 52 :13** ».

L'ascension, l'émergence, le progrès et l'élévation font aussi partie des bénédictions pouvant faire l'objet des miracles de Dieu, tant au des serviteurs et servantes de Dieu, dans la Bible tout comme de la vie courante ont eu à atteindre le sommet par l'intervention miraculeuse de Dieu. Joseph cfr **Genèse 39 :47**, un esclave prisonnier qui devint premier ministre du Pays le plus puissant du monde, Daniel cfr **Daniel 1-6**, un captif qui occupa les plus hautes fonctions dans les différents gouvernement de Babylone, grande puissance mondiale de l'époque, David de la bergerie au palais, de la foret au trône, pur miracle de la part de son Seigneur. « David réussissait dans toutes ses entreprises et l'Eternel était avec lui. **1 Samuel 18 :14** »

Néhémie du simple cuisinier, il devint gouverneur cfr **Néhémie 1 :13**, Mardochée une pauvre sentinelle marginalisée, qui fut élevé au rang du premier ministre. **Esther 8-13**, Esther pauvre orpheline de père et de mère, que Dieu promit comme Reine **Esther 1-7**.

En guise de conclusion, voyons ce que Dieu fit à Josué. « *Ce jour-là, l'Eternel rendit Josué grand aux yeux de tout Israël.* » **Josué 4 :14**.

Pourquoi les Miracles ?

Sans préjudices de ce que nous venons d'évoquer dans les précédentes sections du présent chapitre, nous constatons que les buts et objectifs pour les quels Dieu opère ses miracles sont multiples ; mais parmi les plus évidents, nous énumérons :

- Dieu opère les miracles pour satisfaire les besoins vitaux de ses enfants. **Genèse 21 :14-19** ; **Exode 15 :22-25** ; **Juges 15 :18-19** ; **Nombres 20 :11** ; **Exode 16 :1-18** ; **2 Rois 7 :1-20** ; **Jean 2 :1-10,15-21** ; **17 :14**.
- Dieu opère les miracles pour affirmer sa divine puissance et faire éclater sa gloire **Exode 4 :3**,**4**,**7** et **10** ; **1 Rois 17 :22** ; **18 :41** ; **2 Rois 6 :6** ;**4 :35** ; **Luc 7 :14-18** ; **Actes 3 :1-11** ; **Marc 5 :10-12** ; **Daniel 3 :19-30** ; **4 :33-37** ; **6 :16-23** ; **1 Rois 36-39** ; **Psaumes 95-99** ;
- Dieu opère les miracles pour exercer les jugements contre les méchants cfr les dix plaies d'Egypte **Exode 7-12** ; **Nombres 16 :32** ; **21 :8** ; **1 Rois 13 :4** ; **2 Rois 1 :10** ; **6 :18** ; **Actes 5 :1-11** ; **12 :20-23** ; **13 :1-11** ; **1 Rois 5 :27**.
- Dieu opère les miracles pour porter assistance et secours à ses enfants. **Exode 14 :21-22** ; **15 :23-25** ; **17 :6** ; **Josué 5 :13-16** ; **2Rois 20 :7** ; **Josué 10 :5-13**.

- Dieu opère les miracles pour témoigner sa compassion aux humains, même pécheurs. **Jonas 1-2** ; **Luc 22 :50-51**.

Nous terminons cet important chapitre en mettant en garde le peuple de Dieu contre les faux miracles et les vrais-faux miracles, car le Diable et ses émissaires aussi font des miracles. Cfr **Exode 7 :9** ; **Mathieu 24 :23-26** ; **Apocalypse 13 :1-18**.

CHAPITRE 24 :
LES ORDONNANCES INSTITUEES PAR CHRIST

Le Seigneur Jésus-Christ institua trois ordonnances que l'Eglise doit observer, à savoir : le Baptême d'eau par immersion, la sainte cène et le lavage des pieds ses saints. Il est étonnant que certaines confessions n'en font plus, en allant jusqu'à sept ordonnances, je me demande, ils le font sur base de quel fondement biblique, puis d'autres confessions chrétiennes et curieusement la plus part même, ne reconnaissent et n'observent que deux ordonnances ; le baptême d'eau et la sainte cène, ignorant complètement le lavage des pieds, cependant l'Eglise de Jésus-Christ doit pratiquer toute la parole de Dieu et non le faire partiellement.

Le Baptême d'eau par immersion, au nom du Père, du Fils et du Saint-Esprit

Le baptême d'eau est une pratique chrétienne, car Jean, le dernier des prophètes type, ancienne dispensation et précurseur du Christ, l'a prêché et pratiqué. **Mathieu 3 :1-11** ; **Luc 3 :1-16** ; **Jean 1 : 25-26**. Jésus d'abord, il se fit lui-même baptisé, ensuite il baptisa, enfin il nous a ordonné de baptiser et de se faire baptiser. **Jean 4 :1-3** ; **Mathieu 3 :15-17** ; **28 :19** ; **Marc 16 :15**. Les apôtres et les premiers disciples pratiquaient régulièrement l'ordonnance du baptême d'eau par immersion. **Actes 8 :38** ; **18 :8** ; **16 :33**.

Utilité et Signification du Baptême d'Eau

Le Baptême est un acte d'obéissance à l'ordre du Seigneur. **Matthieu 28 :19** ; **Marc 16 :16**, un acte de soumission aux instructions des apôtres et à l'identification de l'Eglise que ces derniers ont implanté **Actes 2 :38** ; **10 :48** ; **22 :16** ; est un témoignage public de confession de notre foi et de notre communion à christ **Romains 6 :3-4** ; **1 Pierre 3 :21** ; **Colossiens 2 :12** ; **Galates 3 :27**.

Les Candidats au Baptême

Seul un croyant en christ véritablement né de nouveau qui est admissible à cette ordonnance. **Mathieu 3 :1-10** ; **Luc 3 :1-11** ; **Marc 1 :1-5** ; **Actes 2 :38**. Le Baptême n'élève pas les péchés, ce n'est pas une purification des souillures de la chaire **1Pierres 3 :21** ; **Jérémie 26 :22** ; **Mathieu 3 :8**.

La Formule Baptismale

Le Seigneur Jésus-Christ ordonna clairement, explicitement et formellement de baptiser au nom du père, du fils et du Saint-Esprit **Mathieu 28 :19**, c'est la formule que la plupart des églises baptistes, pentecôtiste, évangélique, tandis que certaines confessions préfère la formule « Au nom du Jésus » prétextant que c'est celle pratiquée par les apôtres. Pire erreur ! Imaginons par absurdité que se sont contredit avec Jésus, entre les disciples et Jésus qui-suivons ? Entre les disciples et le maitre qi suivons-nous ? La réponse à cette question est plus que claire. Mais, gloire à Dieu les disciples n'ont contredit leur maitre. Le baptême au nom de Jésus est celui est pratiqué sous l'autorité de Jésus, c'est celui institué et ordonné par Jésus, dont la formule est « au nom du Père, du fils et du Saint-Esprit ».

Le Baptême par Immersion et non par Aspersion

Le baptême authentique est celui qui administré par immersion et non par aspersion ; car l'étymologie même du mot baptême « ***immerger dans*** » le démontre clairement, en plus les écritures attestent que l'immersion dans l'eau, c'est tels que le vrai et authentique baptême. **Mathieu 3 :16** ; **Marc 1 :9-10** ; **Actes 8 :36-39** ; sur cette assertion, une fois de plus les champions des dogmes soutiennent l'immersion baptismale ne doit se faire que dans l'eau qui coule naturellement à l'instar de la rivière, fleuve, lac etc… mais la sainte bible que je lis n'a pas donné un tel pseudo commandement. Nous osons croire que même dans une piscine, s'y faire baptiser est toujours le baptême authentique.

La Sainte Cène

La sainte cène dite souper du Seigneur et la deuxième ordonnance que Christ a instituée, en l'observant nous commémorons la mort et la résurrection du christ, celle-ci atteste notre parfaite communion avec lui. **Mathieu 26 :26-28** ; **Marc 14 :22-26** ; **Luc 22 :14-20** ; **I Corinthiens 10 :16-17** ; **11 :23-26**. Seuls les vrais sauvé par la grâce de Dieu et au moyen de la foi en christ, qui ont part à ce saint repas. Pour y avoir part, il faut avoir une conscience sans reproche devant Dieu et devant les hommes **Actes 24 :16** ; **I Corinthiens 14 :27-34**. Le repas du Seigneur est constitué du pain sans levain et du vin du fruit des raisins.

Le Lavage des Pieds des Saints

La pratique du lavage des pieds remonte de l'antiquité juive, elle représente pas mal de vertus entre autres la solidarité **Genèse 18 :4** ; **19 :2** ; la gentillesse et l'hospitalité **Genèse 24** ; **32** ; **43 :24** ; **Luc 7 :44**, l'humilité et l'esprit de service **I Samuel 25 :41** ; **Jean 13 :12-15** ; la pureté et la propreté. **2 Samuel 11 :8** ; **Jean 13 :9-11** ; l'unité et la communion **Jean 13 :7-8** ; **Jean 13 :1-17**, nous fait croire que le lavage des pieds dépasse la simple coutume ou tradition, c'est un ordre formel du Seigneur que l'Eglise doit absolument mettre en pratique **Jean 13 :17** et nous sommes certain que l'Eglise primitive l'observait aussi **I Timothée 5 :10**.

En conclusion, les ordonnances instituées par Christ relève des pratiques de l'Eglise, seuls les vrais saints y prennent part, l'observance des ordonnances de Christ apporte des bénédictions à l'Eglise et aux Saints.

CHAPITRE 25 :
LES AUMONES, OFFRANDES ET DIMES

De même que l'Etat vit des taxes et impôts, de même aussi que l'Eglise doit des dimes et offrandes, en outre les aumônes font partie aussi de ces trois canaux de bénédictions matérielles et financières.

Les Dimes

La dime est le un dixième de tout revenu, salaire, bénéfice, gain, don… c'est une offrande obligatoire quantifiée en pourcentage qu'on doit payer à Dieu ; la dime n'est pas seulement une nécessité ou un canal de bénédiction pour nous, mais aussi surtout, c'est pour Dieu un dû. C'est son droit de recevoir de nous le un dixième de tout ce que nous possédons, car tout ce que nous avons, nous le recevons de lui, en retour nous devons lui témoigner de la gratitude, en versant à l'Eglise la dime, si nous le faisons, ce n'est pas aux hommes que nous donnons, mais à Dieu. « *Apportez à la maison du trésor toutes vos dimes.* **Malachie 3 :10** ; *tout ce que vous faites, faites le de bon cœur comme pour le Seigneur et non pour les hommes.* **Colossiens 3 :23** ; *chaque fois que vous faites cela à l'un de ces petits de mes frères, c'est à moi que vous l'avez fait.* **Mathieu 25 :40** »

Certains prêchent contre la dime, soutenant que la dime a été aboli avec la loi de Moise, ces pseudo prédicateurs oublient de dire que Jésus n'est pas venu pour abolir la loi et les prophètes, mais pour accomplir cfr **Matthieu 5 :16-20** ; seules les rites, cérémonies et pratiques et prescriptions liées de sacerdoce qui ont été abolies, néanmoins les impératifs moraux restent intacts et voir même intensifiés cfr **Mathieu 5 :1-48**. En plus, la dime est une pratique que Dieu institua avant la loi de Moise même, Abraham dit à Melchisédech la dime de tout **Genèse 28 :22**, à cette époque la loi de Moise n'avait même pas encore vu le jour, Jésus aussi a encouragé la pratique de la Dime **Mathieu 23 :23** ; nous de même, nous devons donner à Dieu toutes nos dimes **Malachie 3 :10** ; **Lévitique 27 :30**. Les dimes sont donnée et gérées par l'Eglise pour la gloire de Dieu **Malachie 3 :10** ; **Deutéronome 12 :5-6** ; **2 Chroniques 31 :10-14**, car dans la dime les ayants droit sont les servantes et les serviteurs de Dieu, la veuve, l'orphelin, l'étranger ; le pauvre et autres nécessiteux **2Chroniques 31 :10-12** ; **Nombres 18 :21** ; **Deutéronome 14 :28-29** ; **26 :10-14**.

Le temps de la grâce n'abolit pas la pratique de la dime.

Les Offrandes

L'offrande au sens strict du terme est un don obligatoire qu'on fait à Dieu, dans **Deutéronome 16 :16c**, contrairement à la dime, l'offrande n'est pas quantifiée en pourcentage, chacun donne selon ses moyens et son bon vouloir **Luc 21 :5** ; **Nombres 15 :3** ; **29 :39**. Aux offrandes aussi dérivent les dons volontaires, les collectes et les prémices **2Corinthiens 9 :6-7** ; **Luc 21 :1-4** ; **Proverbes 6 :10-11**, les offrandes aussi sont données à l'Eglises et sont gérées par l'Eglise. **Deutéronome 12 :11** ; **2 Chroniques 31 :10**.

Les Aumônes

Une aumône est une offrande qu'on donne indirectement à Dieu, à travers ses semblables. **Mathieu 10 :40-42** ; **25 :37-40**. L'esprit de partage doit animer tout celui qui a un amour divin dans le cœur, à nos richesses et biens temporels doivent bénéficier les ministres et serviteurs de Dieu **Mathieu 10 :40-42** ; **Galates 6 :6** ; **1 Timothée 5 :17-18**. Les saints, c'est-à-dire nos frères et nos sœurs en la foi **Mathieu 10 :41-42** ; **Galates 6 :9-10** ; **2 Corinthiens 9 :1-15**, les membres de nos familles **1 Timothée 5 :8** ; **Genèse 44 :1** ; **50 :1-2** et les autres nécessiteux, les pauvres, vieillards, étrangers, orphelins, veuves, handicapés et autres **Mathieu 25 :37-40** ; **Hébreux 13 :1-3** ; **Lévitique 25 :35** ; **Deutéronome 15 :7**.

L'aumône se donne volontairement ; discrètement, avec amour et de tout son cœur. Cfr **Matthieu 6 :1-4** ; **Luc 11 :41** ; **12 :33** ; **18 :22** ; **Deutéronome 15 :7** ; **Actes 10 :1-9** ; **1 Corinthiens 13 :5**

« *Et quand je distribuerais tous mes biens pour la nourriture des pauvres… si je n'ai pas l'amour ce ne me sert à rien* » **1 Corinthiens 13 :3**.

IVème PARTIE : LES FUTURS EVENEMENTS

Dans toutes les facultés de théologie évangélique, tous les cours à caractère eschatologique ont un point commun « le retours de Christ » autrement dit la seconde venue de Christ ou l'avènement de Christ. C'est de ce grand point doctrinal ou cet important article de Foi que dépendent tous les chapitres relatifs aux futurs évènements, lesquels nous allons aborder dans cette dernière partie du livre « COLONNE VERTEBRALE DE LA SAINE DOCTRINE », sur cet important article de Foi qu'est le retour de Christ. Le Pasteur N'LANDU NZOYANGUDI dans l'une des numéros de son émission ' A l'Ecole de la Bible' qu'il anime sur les ondes de la radio Parole Eternelle, soutient que ses recherches renseignent 1/25 de versets du nouveau Testament parlent du retour de Christ, soit 1527 passages Bibliques abordent cette importante questions dont 319 dans le nouveau testament. En outre, il y'a des chapitres entiers tels que **Mathieu 24** et **25**, **Marc 13**, **Luc 21** et **1 Corinthiens 15**, aussi des livres entiers tels que **Zacharie 1** et **2 Thessaloniciens** et **Apocalypse** abordent le grand sujet Eschatologique qu'est « **LE RETOUR DE CHRIST** ».

Dans cette dernière partie du livre, la résurrection des morts ouvrira la partie, tandis que la fin des Justes et injustes clôturera le livre.

CHAPITRE 26 :
LA RESURRECTION DES MORTS

La parole de Dieu enseigne avec autorité la vérité selon laquelle, la résurrection des morts est une réalité, **Daniel 12 :2**. On distingue deux types de résurrection, la résurrection spirituelle, laquelle consiste au salut des pécheurs et la résurrection physique, qui consiste au retour à la vie des personnes déjà mortes de façon littérale, cependant celle qui nous intéresse dans ce chapitre, c'est la résurrection physique. Nous distinguons la première résurrection, celle des justes et la seconde résurrection, celle des injustes. Nous martelons plus sur la résurrection des justes, qui consiste à la première résurrection.

« *Plusieurs de ceux qui dorment à la poussière de la terre se réveilleront, les uns pour la vie éternelle et les autres pour l'opprobre, pour la honte éternelle.* **Daniel 12 :2** »

Quant à la première résurrection, nous distinguons, la résurrection des saints vainqueurs, laquelle aura lieu lors de l'enlèvement, au retour du christ dans les airs.

« *Car le Seigneur lui-même, à un signal donné, à la voix d'un archange, et au son de la trompette de Dieu, descendra du ciel et les morts en Christ ressusciteront premièrement. Ensuite, nous les vivants, qui seront restés, nous serons tous ensemble enlevés dans les nuées, à la rencontre du Seigneur dans les airs et ainsi nous serons toujours avec le Seigneur.* **1 Thessaloniciens 4 :16-17**. En plus de la résurrection des sains vainqueurs, la première résurrection comprendra aussi la résurrection des Saints martyrs, laquelle aura lieu après l'Armageddon, lors du retour du Christ sur terre.

« *Et je vois les âmes de ceux qui étaient morts sous la hache à cause du témoignage de Jésus et de la parole de Dieu, et de ceux qui ne s'étaient pas prosternés devant la bête ni devant son image et qui n'avaient pas reçu la marque sur le front, ni sur la main. Ils revinrent à la vie et ils régnèrent avec Christ, pendant mille ans.* **Apocalypse 20 :4** ». La résurrection constitue l'Esperance de tout Chrétien authentique, l'Apôtre Paul nos en fait une démonstration magistrale, mettant ainsi en évidence la doctrine de la résurrection cfr **1 Corinthiens 15 :1-58**. La première résurrection, étant que vérité absolue et espérance magistrale du Chrétien , est un fait à trois épisodes, d'abord Christ ressuscité comme « PREMICES » cfr **1 Corinthiens 15 :18, 20-22** ; **Actes 2 :23-24** ; **10 :40-41** ; **Luc 24 :1-6** ; ensuite, la résurrection des Saints vainqueurs comme

« LAGRANDE MOISSON » cfr **1Corinthiens 15 :22-23** ; **1 Thessaloniciens 4 :13-18** ; enfin, la résurrection des Saints martyrs comme « LES GLANURES » cfr **Apocalypse 19 :19-21** ; **20 :1-6**.

La résurrection des pécheurs qui est la seconde résurrection aura lieu après le millenium et précédera le jugement du grand trône blanc. « *Et si les morts, les grand et les petits qui se tenaient devant le trône … et les morts furent jugés selon leurs œuvres, d'après ce qui était écrit dans ce livre… chacun fut jugé selon ses œuvres…* **Apocalypse 22 :11-15**.

CHAPITRE 27 :
LE RETOUR DE CHRIST DANS LES AIRS

« Enlèvement de l'Eglise »

Il y'aura deux phases pour le même avènement, le retour de christ dans les airs en est la première, le Seigneur viendra premièrement pour prendre l'Eglise constituée des Saints vainqueurs, c'est-à-dire de ceux et celles qui sont morts en Christ et des vivants qui sont en christ ; **1 Thessaloniciens 4 :13-18**.

« *Voici, je vous dis un mystère : nous ne mourons pas tous, mais tous ne seront changé, en un instant, en un clin d'œil à la dernière trompette. La trompette sonnera, et les morts réciteront incorruptibles, et nous nous serons changé.* **1 Corinthiens 15 :51-52** ». Mais Dieu étant parfait enseignant, il nous a révélé le prototype de de la doctrine de l'enlèvement dans l'ancien tout comme, dans le nouveau Testament. Nous voyons d'abord, Hénoch être enlevé sans voir la mort cfr **Genèse 5 :24** ; et **Hébreux 11 :5-6** ; ensuite Elie le prophète fit la même expérience cfr **2 Rois 2 :11** ; enfin, Jésus l'enseignant par excellence nous établit la véracité de cette merveilleuse expérience cfr **Actes 1 : 9-11** ; **Marc 16 :19** ; **Luc 24 :51**. La plus grande préoccupation pour nous devait être, comment se préparer conséquemment pour prendre part à l'enlèvement ? Il faut s'assurer qu'on véritablement né de nouveau **Jean 3 :1-16** ; être entièrement sanctifié **Hébreux 12 :14** ; **2 Corinthiens 7 :1** ; **1 Pierre 1 :15-16** ; **12 :14** ; **2 Corinthiens 7 :1** ; **1 Pierre 1 :15-16** ; être Baptisé du saint Esprit **Deutéronome 21 :8** ; **Luc 24 :49** ; enfin, il faut tout faire pour avoir une conscience sans reproche devant Dieu et devant les hommes **Actes 24 :16** ; **Mathieu 5 :23-26** ; **Romains 13 :8** ; **12 :17-19**.

Une simple négligence peut faire rater à un saint l'enlèvement. « **Abstenez-vous de toute espèce du mal. 1 Thessaloniciens 5 :22** ».

CHAPITRE 28 :
LE REGNE DE L'ANTE CHRIST, LA MARQUE DE LA BETE ET LA GRANDE TRIBULATION

« *C'est ici la sagesse que celui qui a de l'intelligence calcule le chiffre de la bête. Car c'est un chiffre d'homme, et son chiffre est 666.* **Apocalypse 13 :18** »

L'Antéchrist

L'antéchrist est la contrefaçon de Christ, il est à la fois anti christ, c'est à dire l'adversaire de christ et l'Antéchrist, c'est à le precedent du Christ **1 Jean 2 :18**, Satan étant champion en contrefaçon, il contrefait toujours ce qui est de Dieu, Dieu étant trois en une personne : le père, le Fils et le Saint-Esprit cfr **Mathieu 28 :19**, Satan aussi fait sa trinité satanique ; le dragon, la bête et le faux prophète **Apocalypse 16 :13**. De même que Jésus est le Christ, le fils de Dieu **Mathieu 16 :16** ; de même que la bête est l'antéchrist, le fils de Satan **Apocalypse 13 :16-18** ; de même Christ est venu pour sauver les hommes **Jean 12 :47**, de même que la bête, l'antéchrist viendra pour perdre les hommes **Jean 10 :10**.

La Marque de la Bête

Dans les écritures l'antéchrist qui est aussi l'anti christ, est aussi appelé la Bête, l'impie, l'homme du péché, le fils de la perdition **2Thesaloniciens 2 :3** et **8**. Selon Apocalypse, cet homme Satan prendra le commandement et le contrôle absolu du monde, après l'enlèvement ; il instituera le gouvernement mondial et imposera sa marque comme l'identité universelle **Apocalypse 13 :1-18**. Le même texte nous instruit que ce Satan incarné sera secondé par la troisième personne de la trinité satanique, appelé aussi le prophète de même que Jésus, le Dieu incarné est secondé par la troisième selon la trinité divine, le Saint-Esprit les saints qui auront manqué l'enlèvement refuseront catégoriquement de prendre la marque « 666 ».

La Grande Tribulation

Les chapitres 8, 9,13 et 16 du livre de l'apocalypse sont abondant en informations sur ce qui se passera entre les deux phases du retour du Christ, pendant que Christ et les Saints Vainqueurs auront à festoyer dans les aires pendant 3 années et demi, l'antéchrist prendra le contrôle total de toutes les structures sociales et des secteurs de la vie de manière le plus tyrannique. Il règnera sur terre en despote le plus cruel, il maltraitera et tuera les saints qui lui résisteront et tuera les saints qui lui résisteront, en contrepartie, Dieu enverra les fléaux sur tous ceux qui auront à prendre la marque de la bête. Ça sera un moment dit d'angoisse de Jacob. Cette période macabre prendra fin, à la seconde phase de retour de Christ, dit le retour de Christ sur terre. Cfr **Apocalypse 19 :11-20**.

CHAPITRE 29 :
LE RETOUR DE CHRIST SUR TERRE « HARMAGEDON »

A la fin de la période du règne de l'antéchrist dit de grande tribulation, laquelle correspond avec celle de festin des noces de l'Agneau dans les airs prendra fin avec le retour de Christ sur terre, ce dernier sera accompagné des armées des cieux et des saints, puis l'antéchrist mobilisera ses troupes et armées terrestres pour opposer la résistance à Christ, l'ultime bataille aura lieu, à la place dite *Armageddon* cfr **Jude 14** et **15** ; **Apocalypse 19 :1-21** ; **20 :1-6**. Les événements pendant cette courte période se dérouleront en vitesse supérieure. L'antéchrist et le faux prophète seront capturés et précipités vivants en enfer **Apocalypse 19 :20-21** ; toutes les armées sous leur ordre seront détruites par l'Epée de la bouche de Jésus.

Satan sera capturé et emprisonné dans l'abime pour mille ans **Apocalypse 20 :1-6**. Les Saints qui ont connu le martyre pendant le règne de l'antéchrist ressusciteront **Apocalypse 20 :4-6**.

Les pécheurs qui sont mort avant et pendant le règne de l'antéchrist ne ressusciteront pas. **Apocalypse 20 :5**.

CHAPITRE 30 : LE MILLENIUM

« Règne millénaire de Christ »

Christ règnera littéralement sur terre pendant une période chronologique de mille années avec tous les saints, le millenium sera une monarchie théocratique où la paix, la joie, la justice et la prospérité règneront parfaitement. Ce règne prendra fin avec la bataille de Gog et Magog. « *Ils règneront avec Christ pendant mille ans*. **Apocalypse 20 :4** .Monarchie Théocratique »

Tous les pouvoirs traditionnels législatif, exécutif et judiciaire seront absolument entre les mains de Jésus-Christ, le Roi éternel. « *Car l'Eternel est notre juge, l'Eternel est notre législateur, l'Eternel est notre Roi*. **Esaïe 33 :22** »

Jérusalem sera le capital mondial du royaume de Christ sur terre. « *L'Eternel possèdera Juda comme sa part dans la terre sainte, et il choisira Jérusalem*. **Zacharie 2 :12** » La paix, la joie, la justice, l'abondance et la vraie adoration seront les maitres mots pendant le millenium **Zacharie 6 :12-15** ; **7 :7-9**. Pendant que le Christ sera Roi sur toute la terre, toutes les fonctions publiques seront occupées par les Saints **Apocalypse 20 :1-6**, le culte et l'Evangélisation continueront, car nous auront à cohabiter avec les non-sauvés et nous les dirigerons. **Zacharie 6 :13** ; **8 :3-14,21-22** ; **14 :16**. Puis les injustes seront jugés et sanctionnés en cas d'incivisme. Zacharie 14 :12 et 17. « ***L'Eternel sera roi de toute la terre ; en ce jour-là, l'Eternel sera le seul Eternel, Et son nom sera le seul nom***. **Zacharie 14 :9** »

Tous sont en paix et en sécurité, le millenium sera aussi un règne de justice, la santé, l'alimentation et l'abondance en tout et pour tout ne poseront plus problème. **Esaïe 2 :2-4** ; **11 :5-9** ; **65 :25**.

« *En ce jour-là, il sera écrit sur les clochettes des chevaux : sainteté à l'Eternel !* **Zacharie 14 :20** ».

CHAPITRE 31 :
LE JUGEMENT DU GRAND TRONE BLANC

Apocalypse 20 :3-15 nous apprend qu'en fin de compte le jugement dernier interviendra. « *Celui que Dieu a établi Juge des vivants et des morts.* **Actes 10 :42** ». Tous les pécheurs de tous les âges, vivants ou morts, tous ceux et celles qui auront à mépriser la grâce de Dieu, à négliger le grand salut passeront au jugement du grand trône blanc. « *Chacun fut jugé selon ses œuvres*. **Apocalypse 20 :13**. Comment échapperons-nous en négligeant un si grand salut. **Hébreux 2 :3**. »

Le jugement dernier constitue l'article principal de la Foi dans la quasi-totalité des confessions chrétiennes, principalement celles qui se veulent évangélique. L'ancien testament soutient ce grand enseignement. **Ecclésiaste 12 :15-16**, le nouveau testament le fait aussi. « *Ceux qui auront fait le mal ressusciteront pour le jugement*. **Jean 5 :29**. *Car Dieu amènera toute œuvre en jugement, au sujet de tout ce qui est caché, soit bien, soit mal*. **Ecclésiaste 12 :16** ».

CHAPITRE 32 :
L'ENFER, LIEU DE CHATIMENT

« *Retirez-vous de moi, maudits, allez dans le feu éternel qui a été préparé pour le diable et ses anges*. **Matthieu 25 :41** »

Le feu éternel est le mot par lequel le Seigneur désigne ce que nous appelons communément dans le langage théologique « Enfer », un nombre des gens cherchent vraiment à adoucir la peur de cette réalité combien cruelle et macabre, en l'ignorant simplement, prétextant tantôt que Dieu soit extrêmement bon, de tel enseigne qu'il peut pas créer un tel lieu de châtiment, à d'autres d'argumenter que du fait le mot enfer ne se trouve nullement dans la Bible, croire à l'existence de l'enfer ne peut être qu'une pure illusion, or la Bible nous enseigne clairement et explicitement que Dieu a prévu un lieu de châtiment éternel, non pour y habiter les humains mais plus tôt pour y punir éternellement le Diable et tous ses démons, cependant très malheureusement, les humains insensé suivront Satan dans ce lieu de châtiment que nous appelons « Enfer ». **Mathieu 25 :41** ; **13:42** ; **18 :8-9** ; **5 :22** ; 10 : **Marc 9 :45** ; **Luc 12:15** ; **23 :15** et **33** ; **14 :9-11** ; **21 :8** ; **12 :5** ; **14 MARC 9-11**. **Luc 12 :5** ; **Apocalypse 21 :8**, certes la bible, n'emploie pas le vocable enfer, néanmoins elle emploi les concepts tels que Géhenne, Shéol, Lac de feu pour designer cette réalité. On ne sera pas épargné de l'enfer parce que on préfère l'ignorer, aujourd'hui la meilleure façon de fuir l'enfer c'est de s'inscrire dans le livre de vie aujourd'hui et maintenant ; se repentir, donner son cœur à Jésus et obtenir le pardon de ses péchés. « *Quiconque ne fut pas triumvirat dans le livre de vie fut jeté dans l'étang de feu*. **Apocalypse 20 :15**. *C'est la seconde mort, l'étang de feu*. **Apocalypse 20 :14** »

La parabole du riche et Lazard devrait instruire plus d'une personne qui désire sincèrement la vérité.

CHAPITRE 33 :
LE PARADIS, LIEU DE FELICITE ETERNELLE

Le paradis est un lieu saint préparé par un Dieu saint pour un peuple saint dit Révérend Robbert CRAWFORD, 'est le demeure de Dieu d'avec les Hommes, **Luc 23 :42-43** ; **1 Corinthiens 12 :1-4**, **Actes 7 :55-56** ; les chapitre **21** et **22** du livre d'Apocalypse nous en font une brève description. Le manuel de Ministre de la mission Foi Apostolique de Portland d'Oregon ; la désigne par le concept ' ***Nouveaux cieux et nouvelle terre*** » cfr **Esaïe 66 :22**. Le jargon Chrétien de manière général emploie ce le vocable ***''Le Ciel''*** pour designer ? Nous savons aussi que la promesse du Seigneur est qu'il est allé nous préparer des places, le saint endroit où nous cohabiterons avec lui dans la félicité éternelle. **Jean 14 :1-3**. Les Apôtres renseignent nous que l'univers actuelle disparaitra à la fin de tout chose **2 Pierres 3 :12-13** ; et que nous sommes les étrangers et voyageurs, notre cité à nous est à venir. **Hébreux 11 :10** et **16** ; **12 :22** et **13 :14**.

SOURCES BIBLIOGRAPHIQUES ET AUTRES REFERENCES

Pour écrire ce livre, nous avons eu à consulter les ouvrages suivants :

- Encyclopédie Biblique de Franck REISDORF
- Manuel Biblique d'Henry HALLEY
- Manuel du Ministre de la Foi Apostolique de Portland Oregon
- Mon Petit Manuel Biblique de Poche, Révérend Simon MBENGANI
- Que les cinq ministères s'élèvent, Pasteur Claude PAYAN
- Les Livres Numéros 13, 34 et 36 de l'école de dimanche de la Foi Apostolique
- « Dieu Un et Trine ». en dehors de la bibliographie, les enseignements du Pasteur Jacques N'LANDU NZOYANGUDI dispensées dans l'émission à l'école de la Bible animée à la Radio parole éternelle avaient été pour moi une grande source d'information et d'inspiration.

INFORMATIONS BIOGRAPHIQUES

Je suis le Docteur **Benjoly M'BENGANI NSIKANATUA**, né le 07 Juillet 1985 à Kinshasa, criminologue de formation et enseignant de profession et diplômé de l'école Biblique EMAIiS, mais puis j'ai suivi plusieurs formations bibliques et participés à des nombreuses conférences à caractère théologique. Mon père, le Révérend Simon M'BENGANI KALUNDANDIKO, est le fondateur et Evêque général des Eglises Foi Apostolique en RDC, ma mère femme de ménagère et monitrice de l'école de dimanche, s'appelle NGUNDU MWENGE Celipa.

Je fréquentais l'école de dimanche, dès ma tendre enfance, mais je me suis convertis véritablement au Seigneur le 24 décembre 2006 et reçu le Baptême d'eau par immersion au nom du Père, du Fils et du Saint Esprit. Apres être sauvé et sanctifié en décembre 2006, je serai baptisé du Saint-Esprit en Juillet 2007, une dizaine des jours plus tard je fus admis comme aspirant maitre de l'école de dimanche de la Foi Apostolique. En 2008, je fus habilité par l'Eglise à prêcher et à enseigner l'Evangile. En 2012, je fus nommé ministre par mon père, en 2014 j'ai été affecté à la cellule de Foi Apostolique quartier Mpanga (Kinshasa) comme Pasteur assistant, en 2018 j'ai été muté comme pasteur assistant à la cellule de la Foi Apostolique quartier MOKALI. Suite aux acharnements injustement subis de la part de la hiérarchie de l'Eglise Foi Apostolique, j'ai écrit ma lettre de démission en date du 10 février 2022 et suspendu toute ma participation active à l'Eglise Foi Apostolique, pour me concentrer la direction du groupe CRAAAC Ministries, un ministère d'intercession et d'évangélisation, dont je suis aussi l'initiateur. En plus de mes fonctions du président du groupe CRAAAC Ministries. Le 24 Mai 2017, en route vers mon Eglise d'attache ; le Seigneur me parla à voix audible, en langage clair et en français *Tu es un docteur de la Parole*, en un clin d'œil le passage d'**Ephésiens 4 :11** défilait devant ma face, j'ai partagé ça avec mon Pasteur titulaire, plus tard mon ministère doctoral sera confirmé et constaté par trois autres ministres de Dieu.

REMERCIMENTS

Grand merci au Seigneur Jésus-Christ pour tout ce que je suis et pour tout ce que j'ai ;

Merci à mon père biologique, Révérend Simon M'BENGANI qui m'a appris à aimer et servir Dieu ;

Merci à mon père spirituel, Révérend Gérard KITOKO MBOLOKO qui m'a appris les ABC du ministère ;

Merci à mon père spirituel adoptif le pasteur Alain LUZAÏSU MPIOSO, pour son mentorat et son coaching payant ;

Merci à mes frères Bénédiction MOKE et Nicolas MONIZI YENGA qui m'ont aidé dans la saisie de ce livre ;

Merci aussi à la sœur La joie KIESSE MASI, amie d'infortune et de longue date qui ne cesse de m'apporter motivation, encouragement et confort ;

Merci à mes aînés dans la foi et dans le ministère les pasteurs Phélicien NSINGI MANZINGA et Gérard NGAMEY NDOMBE qui par leurs faits et gestes ne cessent de me témoigner de la sympathie et de l'amitié sincère ;

Merci à mon ministre titulaire l'apôtre AMOS MUTONDELE KALONJI qui me cède constamment s chaire pour annoncer l'Évangile ;

Enfin grand merci à monsieur l'Abbé D'Oliveira NDOFUSU ANUANGI, qui même dans son lit de malade ne cessait de prodiguer des sages conseils sur l'avenir de mon ministère.

Merci à toutes et à tous ceux qui liront ce livre, surtout ceux qui mettront son contenu en exergue.

TABLE DES MATIERES

Printed by Books on Demand GmbH, Norderstedt / Germany